회전퍼즐
퀴즈로
풀어가는

상식이
생생한
한국사

회전퍼즐
퀴즈로
풀어가는

상식이
생생한
한국사

박영수(테마역사문화연구원장) 지음

추수밭

들어가는 말

인간은 호기심의 동물이다. 가보지 않은 곳에 가고 싶어 하거나 새로운 물질 및 현상에 관심을 보이는 것은 전적으로 호기심 때문이다. 또한 수많은 호기심은 발견을 낳고 지식으로 이어져 인류의 발전을 이끌었다.

사람은 지식욕이 강하다. 모르는 것을 알고 싶어 하고, 아는 것을 타인에게서 인정받고 싶어 한다. 지식 축적에 도움 되는 자료들이 끊임없이 나오는가 하면, 텔레비전 발명 이후 대부분 나라에서 퀴즈 프로그램이 꾸준히 인기를 끄는 이유도 여기에 있다.

퀴즈는 긴장감을 주고, 학습이나 기억력 증진에도 도움이 된다. 그래서 다양한 퀴즈가 등장했는데, 지금까지는 크게 두 가지 형식이었다. 내용을 설명한 다음 그에 대한 답을 직접 말하는 주관식 퀴즈와, 제시된 보기 중 하나를 고르는 객관식 퀴즈가 그것이다.

단답형 질문에 관련성을 부여한 크로스워드 퍼즐 퀴즈, 즉 가로세로 단어 풀이 퀴즈는 주관식 퀴즈의 변형으로 재미있지만 다소 많은 시간이 요구된다. 그래도 문제 하나를 풀면 그 답이 다른 문제의 힌트가 되는 점은 가로세로 단어 풀이 퀴즈만의 매력이다.

퀴즈 하면 끝말잇기도 빼놓을 수 없다. 뜻을 설명한 것은 아니지만 계속 이어지는 단어의 연결이 두뇌를 자극하니 말이다. 다만 단어에 대한 해설이 없어서 지적 충전의 느낌은 약하다.

필자는 새로운 퀴즈를 궁리하다가 가로세로 단어 풀이 퀴즈와 끝말잇기의 장점을 합친 '회전퍼즐퀴즈'를 세계 최초로 창안해 얼마 전 퀴즈박스(Quizbox.kr)에 발표했다. 각각의 풀이를 참조해 사각 테두리 빈칸에 맞는 단어를 차례로 써서 정답을 완성하는 퀴즈이며, 문제를 푸는 시간도 스마트 시대에 걸맞게 적당하다. 단어 풀이는 짧지만 흥미롭고 유익하다.

역사는 고리타분한 과거 이야기가 아니라 우리가 존재하기까지의 과정에 대한 기록이다. 그중에서도 한국사는 한국인으로서 당연히 알아야 할 필수 상식이다. 역사는 반복되고 또한 우리에게 교훈을 주므로, 역사를 안다는 것은 장차 시행착오를 줄일 수 있는 지혜이기도 하다.

이 책은 '회전퍼즐'을 통해 우리나라의 주요 사건과 핵심적인 한국사 용어를 익히도록 구성했다. 어느 정도 한국사 지식에 대해 자신이 있다면 순서대로 도전하고, 그렇지 않다면 '이야기로 배우는 한국사'를 먼저 읽어본 다음, 퀴즈에 도전하는 게 좋다. 그렇게 퀴즈에 나오는 한국사 용어들을 훑어 내려가는 것만으로도 한국사의 대략적인 흐름이 보일 것이다.

똑같은 재료나 도구라도 쓰는 사람에 따라 그 효과가 차이 나기 마련이다. 아무쪼록 늘 지니고 다니면서 수시로 확인하고 점검해 한국사에 대한 자신감을 키우길 바란다.

박영수

세계 최초! 회전퍼즐을 통해
즐기면서 익히는 한국사

★ 회전퍼즐로 익히는 한국사는 이래서 다르다

1. 말놀이의 장점만 모았다

역사는 익숙한 듯 딱딱하고 낯설어 보이죠. 하지만 회전퍼즐을 통해서라면 즐기면서 자연스럽게 익힐 수 있습니다. '끝말잇기'처럼 꼬리에 꼬리를 물면서 자연스럽게 진도를 나가지만 단조롭지 않고, '십자말퀴즈'처럼 퍼즐을 맞추는 쾌감을 선사하면서도 부담스럽지 않게 구성했습니다. 회전퍼즐과 함께라면 역사 상식을 쉽게 쌓을 수 있을 것입니다.

2. 누구나 좋아한다

회전퍼즐은 직장인들이 출퇴근길에 스마트폰을 만지작거리는 대신 문제를 풀면서 자연스럽게 익히는 교양으로, 학생들이 공부하다가 잠시 머리를 식힐 때 접속하는 온라인 게임 대신 놀면서 익히는 상식으로, 어르신들께서 쉬엄쉬엄 진행할 수 있는 기억력 훈련으로 누구나 쉽게 접하고 다양하게 활용할 수 있습니다.

3. 놀이를 통해 저절로 익힌다

배움은 놀이를 거치면서 폭발력이 생깁니다. 외국의 영재학교
들에서 활용하는 학습법의 본질은 매우 간단합니다. 독서를 통
한 토론과 놀이를 통한 참여입니다. 아이들은 처음 말을 배울
때 각종 놀이를 통해 배워야 할 지식들을 기하급수적으로 늘
려 갑니다. 어른들도 각종 퀴즈를 통해 자연스럽게 상식을 쌓
아 갑니다.

4. 언제 어디서든 하루 60초 한 문제

이 책에서 실린 60개의 회전퍼즐 각각에는 6~7개의 엄선된 문
제가 연결되어 있습니다. 또한 가벼운 마음으로 아무 페이지나
펴서 딱 60초 동안 문제를 풀 수 있도록 구성했습니다. 이렇게
쉬엄쉬엄 놀이 삼아 보다 보면 어느새 한국사의 흐름이 보일
것입니다.

★ 이 책의 100% 활용법

1. 가볍게 퀴즈를 푼다

첫 번째 회전퍼즐부터 마지막까지 차례대로 풀어도 좋고, 마음 내키는 대로 아무 페이지나 펴서 풀어도 좋습니다. 이때 시간을 재보는 것도 괜찮은 방법입니다.

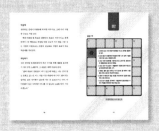

2. 뒤 페이지에서 정답을 확인한다

각 퍼즐의 뒤 페이지에는 정답을 실었습니다. 자신의 답과 맞춰 보세요.

3. 해설로 한 번 더 익힌다

문제에 얽힌 역사에 대한 원인부터 재미있는 뒷이야기까지 짧지만 강렬하게 추적함으로써 단순 암기에서 나아가 한국사의 흐름을 제대로 파악할 수 있도록 구성했습니다.

4. 하루 60초씩 60일 완성

하루에 한 문제씩 단 60초만 투자해서 문제를 풀어 보세요. 그렇게 60일 동안 게임처럼 즐기다 보면 어느새 한국사의 대략적인 흐름이 보일 것입니다.

차례

생생한 한국사
첫 번째 마당

001~020

출발 ➡

1			2		3

1. 1884년 김옥균, 박영효 등 개화당이 독립적인 정부를 세우기 위해 일으킨 정변.

2. 고양이와 닭을 잘 그려 '변고양이', '변계卞鷄'라는 별명을 얻은 조선 후기 화가.

3. 백제 비류왕 때 우리나라에서 처음으로 쌓아 만든, 대한민국 저수지의 효시.

4. 신라 경덕왕 시절 승려 월명사月明師가 죽은 누이를 생각하며 지은 10구체 향가鄕歌.

5. 오동나무로 된 긴 공명관共鳴管 위에 12줄 명주실을 매어 만든 한국 고유의 현악기.

6. 금속으로 만든 인쇄용 글자 모형. 이것으로 인쇄한 현존하는 세계 최초의 책은 《직지심체요절》.

7. 조선 세종 때 물 흐름을 이용해 정해진 시간에 소리 내어 시간을 알리도록 만든 시계. 국보 229호.

7			6		5

첫 글자 힌트 1. 갑 3. 벽 5. 가

15

001 정답

출발 ➡

갑	신	정	변	상	벽
					골
					제
루					망
격					매
자	활	속	금	야	가

1. 갑신정변甲申政變

1884년 김옥균, 박영효 등 개화당이 독립적인 정부를 세우기 위해 일으킨 정변.

2. 변상벽卞相璧

고양이와 닭을 잘 그려 '변고양이', '변계'라는 별명을 얻은 조선 후기 화가.

3. 벽골제碧骨堤

백제 비류왕 때 우리나라에서 처음으로 쌓아 만든, 대한민국 저수지의 효시.

4. 제망매가祭亡妹歌

신라 경덕왕 시절 승려 월명사가 죽은 누이를 생각하며 지은 10구체 향가.

5. 가야금伽倻琴

오동나무로 된 긴 공명관 위에 12줄 명주실을 매어 만든 한국 고유의 현악기.

6. 금속활자金屬活字

금속으로 만든 인쇄용 글자 모형. 이것으로 인쇄한 현존하는 세계 최초의 책은 《직지심체요절》.

7. 자격루自擊漏

조선 세종 때 물 흐름을 이용해 정해진 시간에 소리 내어 시간을 알리도록 만든 시계. 국보 229호.

갑신정변

1884년 12월 4일 저녁, 한성 전동에 있는 신축 건물에서 우정국郵政局(우편 사무를 맡아보던 관청) 개국 축하연이 끝나갈 무렵 북쪽 창문 밖에서 갑자기 '불이 났다'는 큰 소리가 들렸다. 외침과 동시에 불빛이 밤하늘로 치솟는 것이 보였다. 연회장은 아수라장이 되었고 사람들은 뿔뿔이 흩어졌다.

개화파가 꾸민 정변의 시작을 알리는 신호였다. 거사를 주도한 김옥균과 일행은 즉시 창덕궁으로 달려가서 국왕에게 난리가 일어났다고 보고했다. 김옥균 일행은 왕을 호위하면서 수구당 주요 관리들을 궁궐로 불렀고, 개화파 지시를 받은 장사패가 기다리고 있다가 수구당 거물들을 대부분 죽였다.

그러나 거사는 삼 일 만에 막을 내렸다. 왕비의 요청을 받은 청나라 군대가 대포를 쏘면서 궁궐에 들어오자, 일본군이 약속을 어기고 돌아갔기 때문이다. 자체 군사력이 없던 개화파는 '삼일천하'라는 말만 남긴 채 도망치거나 죽임을 당했다. 갑신정변은 실패했지만 봉건적 지배체제를 근대적 정치체제로 개혁하려는 첫 시도였다는 점에 그 의의가 있다

벽골제

전라북도 김제시 부량면에 위치한 저수지로, 고대 수리 시설 중 규모도 가장 크다.

백제 비류왕 때 축조된 대한민국 최초의 저수지이고, 관개 면적이 1만 헥타르로 추정될 만큼 규모가 커서 땅을 구분 짓는 지명의 어원으로도 쓰였다. 호남湖南 지방의 호湖가 바로 벽골제를 가리킨다.

제망매가

신라 경덕왕 때 월명대사가 죽은 누이를 위해 재齋를 올리면서 지어 부른 노래이며, 그 내용은 대략 다음과 같다.

"삶과 죽음의 갈림길이 여기 있으매 두렵고, 나는 간다 말도 못하고 갔느냐. 어느 가을 이른 바람에 여기저기 떨어지는 잎처럼, 같은 가지에서 났는데 가는 곳 모르는구나. 아아, 아미타불이 있는 극락에서 만나볼 수 있도록 도道를 닦아 기다리겠노라."

002

출발 ➡

1			2		3
🌵					4

1. 고려와 조선 시대 전쟁 때 병권을 지니고 군무를 통괄하던 장수.

2. 조선 정조 때 전통적인 축성법에 이웃 나라 성곽 기술을 더해 지은 신도시 행궁과 성곽.

3. 조선 시대 유교儒敎를 가르치던 최고 교육기관. 문묘文廟와 명륜당明倫堂 등으로 이뤄짐.

4. 조선 선조 때 송강松江 정철鄭澈이 대관령 동쪽 여덟 명승지를 돌아보며 읊은 시가.

5. 흐르는 물에 술잔 띄우고 자기 앞으로 올 때까지 시를 읊던 유희. 같은 말 유상곡수流觴曲水.

6. 광복 후 대한민국 헌법 초안을 주도적으로 입안한 헌법학자. 호는 현민玄民.

7. 조선 말기 통상을 요구하다 거절당하자 흥선대원군 아버지 무덤을 파헤치려 했던 독일 상인.

7		6			5

첫 글자 힌트 1. 도 3. 성 5. 곡

002 정답

출발 ➡

도	원	수	원	화	성
					균
트					관
르					동
페					별
오	진	유	지	수	곡

1. 도원수都元帥
고려와 조선 시대 전쟁 때 병권을 지니고 군무를 통괄하던 장수.

2. 수원 화성水原 華城
조선 정조 때 전통적인 축성법에 이웃 나라 성곽 기술을 더해 지은 신도시 행궁과 성곽.

3. 성균관成均館
조선 시대 유교를 가르치던 최고 교육기관. 문묘와 명륜당 등으로 이뤄졌다.

4. 관동별곡關東別曲
조선 선조 때 송강 정철이 대관령 동쪽 여덟 명승지를 돌아보며 읊은 시가.

5. 곡수지유曲水之遊
흐르는 물에 술잔 띄우고 자기 앞으로 올 때까지 시를 읊던 유희. 같은 말 유상곡수.

6. 유진오俞鎭午(1906~1987)
광복 후 대한민국 헌법 초안을 주도적으로 입안한 헌법학자. 호는 현민.

7. 오페르트 Ernst Jacob Oppert
조선 말기 통상을 요구하다 거절당하자 흥선대원군 아버지 무덤을 파헤치려 했던 독일 상인.

도원수

고려 시대에 전쟁이 일어났을 때 특정 지방의 병권을 장악한 장수를 이르는 명칭이었다. 일반적으로 무관이 아니라 문관 중에서 택해 임명했다. 도원수는 임시 관직이었는데, 고려 후기에 외침이 빈발하자 군사령관인 원수와 더불어 도원수 파견도 잦아졌다.

조선 시대에도 도원수는 대규모 군대 동원이 있을 경우 임명되는 임시 관직이었다. 임진왜란 때 군대 전체를 통괄하는 도원수에 권율權慄이 임명되었다. 이때 이순신은 수군통제사로 해군을 통제하는 권한을 가졌다.

수원 화성

경기도 수원에 쌓은 성곽이며, 1789년 정조가 아버지 장헌세자(사도세자)의 능을 양주 배봉산에서 수원 화산으로 옮기면서 축조하기 시작했다. 정조는 단순히 성을 쌓는다기보다 효율적인 신도시를 건설한다는 야망을 품었다.

공사에서도 새로운 건축 기술이 적용되었다. 도르래 원리를 이용해 무거운 물체를 들어 올리는 거중기擧重器, 홈 파인 바퀴에 줄을 걸어서 회전할 수 있게 만든 활차滑車 등을 활용해 공사 기간을 단축했다.

둘레 5,520미터에 이르는 수원 화성은 1796년 9월에 완공됐다. 자연 지형을 이용한 한국 전통의 축성법에 중국이나 일본의 성곽 기술을 더해 한층 견고한 모습이었다.

곡수지유

직역하면 '흐르는 물의 유희'라는 뜻이다. 고대 중국에서는 삼짇날(음력 3월 3일) 여러 사람이 모여 굽이쳐 흐르는 물에 술잔을 띄운 다음 자기 앞으로 떠내려올 때까지 시를 읊는 연회를 즐겼다. 이를 곡수지유라고 하며, 곡수유상曲水流觴, 유상곡수流觴曲水 곡수연曲水宴, 곡강연曲江宴이라고도 말했다.

이런 문화는 우리나라와 일본에도 전해졌는데, 신라에서는 물이 한 바퀴 천천히 돌아 흐르는 인공적인 곡수로曲水路를 만들었다. 포석정이 그것이다. 포석정은 현존하는 유상곡수 유적으로는 한·중·일 세 나라 가운데 가장 오래되었다.

003

출발 ➡

1			2		3

1. 임진왜란 때 권율 장군 지휘 아래 병사들과 부녀자들이 합세해 왜군을 대파한 싸움.

2. 적진에 침투해 그곳 형편을 알아내는 사람. 조선 시대 초기에는 체탐인體探人이라 부름.

3. 누구든 나무아미타불만 외우면 서방정토에 태어난다는 믿음을 심어준 신라 승려. 설총의 아버지.

4. 조선 초 단종 복위를 꾀하다 죽임을 당한 여섯 충신. 이개, 하위지, 유성원, 유응부, 성삼문, 박팽년을 일컬음.

5. 초충도(풀과 풀벌레 그림)를 잘 그린 조선 시대 서화가. 율곡 이이의 어머니.

6. 618년 이연이 세운 중국 통일 왕조. 신라와 연합해 고구려와 백제를 멸망시킨 나라.

7. 같은 목적을 갖고 서로 경쟁 관계에 있는 맞수.

7		6		5

첫 글자 힌트 1. 행 3. 원 5. 신

003 정답

출발 ➡

행	주	대	첩	보	원
					효
					대
벌					사
이					육
라	나	당	임	사	신

1. 행주대첩幸州大捷
임진왜란 때 권율 장군 지휘 아래 병사들과 부녀자들이 합세해 왜군을 대파한 싸움.

2. 첩보원諜報員
적의 내부에 침투해 그곳 형편을 알아내는 사람. 조선 초기에는 체탐인이라 불렀다.

3. 원효대사元曉大師(617~686)
누구든 나무아미타불만 외면 서방정토에 태어난다는 믿음을 심어준 신라 승려. 설총의 아버지.

4. 사육신死六臣
조선 초 단종 복위를 꾀하다 죽임을 당한 여섯 충신. 이개, 하위지, 유성원, 유응부, 성삼문, 박팽년을 일컫는다.

5. 신사임당申師任堂(1504~1551)
초충도(풀과 풀벌레 그림)를 잘 그린 조선 시대 서화가. 율곡 이이의 어머니.

6. 당唐**나라**(618~907)
618년 이연이 세운 중국 통일 왕조. 신라와 연합해 고구려와 백제를 멸망시킨 나라.

7. 라이벌rival
같은 목적을 갖고 서로 경쟁 관계에 있는 맞수. 사단칠정 논쟁을 벌인 이황과 기대승은 조선 유교사의 대표적인 라이벌이라고 할 수 있다.

행주대첩

임진왜란이 한창이던 1593년 2월, 왜군이 행주산성을 공격해 왔다. 3만여 명이 넘는 대군이었다. 이에 비해 성을 지키는 조선군은 승려로 조직된 승병을 합해도 약 1만 명에 지나지 않았다. 그렇지만 권율 장군이 이끄는 조선군은 기존 무기인 활과 창 이외에 미리 준비해놓은 화차火車, 수차석포水車石砲 같은 특수 무기로 대응했다. 그래도 무기가 부족해지자 돌을 던지고 재를 뿌리며 강력히 맞섰다. 이때는 부녀자들도 긴 치마를 잘라 짧게 만들어 입고 돌을 나르며 전투를 도왔다. 큰 피해를 입은 왜군은 마침내 패전을 인정하고 도망쳤다. 이 싸움은 진주대첩, 한산도대첩과 함께 임진왜란 3대첩의 하나로 기록되었다.

한편 행주싸움에서 '행주치마'라는 말이 생겼다는 것은 잘못 알려진 이야기다. 왜냐하면 '행주치마'라는 말이 1527년 최세진이 쓴《훈몽자회》에 등장한 데서 알 수 있듯, 행주대첩 이전에 이미 쓰였기 때문이다.

사육신

조선 5대 임금 문종文宗은 병으로 일찍 승하하면서 황보인, 김종서 등에게 어린 단종을 잘 보필해달라고 부탁했다. 이에 몇몇 재상이 실질적으로 통치하는 상황이 되자, 단종의 숙부인 수양대군이 불만을 품고 쿠데타를 일으켜 정권을 차지했다.

수양대군은 국왕 중심의 체제를 강화했다. 집현전 출신 관료들이 반대했으나 뜻을 이루지 못했고, 이에 일부 유학자들은 단종을 복위시키려는 계획을 비밀리에 추진했다. 그러나 밀고자가 생기는 바람에 거사는 실패했으며, 주모자인 성삼문, 박팽년, 하위지, 이개, 유성원, 유응부는 모두 처형당했다. 훗날 남효온이 《추강집秋江集》의 〈육신전六臣傳〉에서 이들을 '사육신'이라고 명명했다.

004

출발 ➡

1			**2**		**3**

1. 고려 이승휴가 우리나라와 중국 역사를 칠언시와 오언 시로 짓고, 단군신화를 기록한 역사책.

2. 공녀로 원나라에 끌려간 뒤 황후 자리에 올라 37년간 원 나라를 뒤흔든 여인.

3. 892년 견훤이 백제의 후예임을 자처하며 전라도와 충청 도 지역에 세운 나라.

4. 1948년 헌법을 제정한 대한민국 헌정사에서 최초의 의 회를 이르는 말.

5. 조선 선조 때 서산대사가 대중에게 착한 행실을 권하려 고 지었다는 노래.

6. 쌀 따위 곡식이 많이 생산되는 일정한 구역을 이르는 말 로 호남 지방이 대표적.

7. 우리나라에서 다섯 번째로 긴 강이며, 북한의 평양을 지 나 서해로 흘러가는 강물.

7			**6**		**5**

첫 글자 힌트 1. 제 3. 후 5. 회

27

004 정답

출발 ➡

제	왕	운	기	황	후
					백
					제
강					헌
동					국
대	지	창	곡	심	회

1. 제왕운기帝王韻紀
고려 이승휴가 우리나라와 중국 역사를 칠언시와 오언시로 짓고, 단군신화를 기록한 역사책.

2. 기황후奇皇后
공녀로 원나라에 끌려간 뒤 황후 자리에 올라 37년간 원나라를 뒤흔든 여인.

3. 후백제後百濟(892~936)
892년 견훤이 백제의 후예임을 자처하며 전라도와 충청도 지역에 세운 나라.

4. 제헌국회制憲國會
1948년 헌법을 제정한 대한민국 헌정사에서 최초의 의회를 이르는 말.

5. 회심곡回心曲
조선 선조 때 서산대사가 대중에게 착한 행실을 권하려고 지었다는 노래.

6. 곡창지대穀倉地帶
직역하면 '곡식 창고 지대'. 쌀 따위 곡식이 많이 생산되는 일정한 구역을 이르는 말. 호남 지방이 대표적이다.

7. 대동강大同江
우리나라에서 다섯 번째로 긴 강이며, 북한의 평양을 지나 서해로 흘러가는 강물.

제왕운기

고려 후기 문신 이승휴가 1287년에 써서 왕에게 올린 책이다. 무인이 권력을 차지하고 원나라에 복속되어 힘든 시절을 보내는 상황에서, 강력한 왕권을 하루빨리 회복하기를 바라는 희망을 담았다. 또한 이승휴는 뛰어난 국왕이 선정을 베풀어야 국가가 번영한다는 마음에서 제목을 '제왕운기'라고 했다.

부여, 고구려, 신라 등은 각각 자신들의 시조 설화를 갖고 있었지만, 이승휴는 모두 단군의 후예라고 주장했다. 나아가 삼한과 발해의 공동 시조도 단군이라고 적었다. 이는 한민족을 하나로 묶는 인식의 대전환이었다.

기황후

고려 출신의 원나라 황후이다. 고려 말엽 공녀 신세로 원나라에 끌려가 고려 출신 환관의 추천으로 궁녀가 됐고, 눈치 빠른 처신으로 순제의 사랑을 독차지했다. 1339년 순제의 아이를 낳고 이듬해 제2황후가 되었다.

황제의 총애를 배경으로 강력한 권력을 행사하며 원나라를 실질적으로 다스렸다. 그 영향으로 고려에서도 그녀의 오빠 기철이 권세를 휘두르자, 고려에서는 기씨 일족에 대한 반발이 끊이지 않았다. 기황후는 1365년 정후가 됐으나 3년 뒤인 1368년 원나라가 멸망하면서 비극적 종말을 맞았다.

후백제

농민 출신의 견훤은 군인이 됐다가 신라의 혼란스러운 상황을 보고 뜻을 같이하는 무리를 모아 서남쪽 지방에 거점을 마련했다. 견훤은 892년 무진주(지금의 광주)에서 나라를 세우고, 900년에 완산주(지금의 전주)로 도읍을 옮겨 '후백제'라 칭했다. 신라에 대한 반감을 지니고 있던 옛 백제 사람들은 후백제에 적극 호응했다.

백제는 영역을 넓혀 전라남북도와 충청북도 대부분을 차지하며 한때 후삼국의 주도권을 쥐었으나, 왕위 계승 문제로 아들 신검이 반발하면서 국력이 약해졌다. 견훤은 고려 왕건에게 망명했고, 신검이 고려와 싸운 전투에서 패하면서 후백제는 멸망했다.

005

출발 ➡

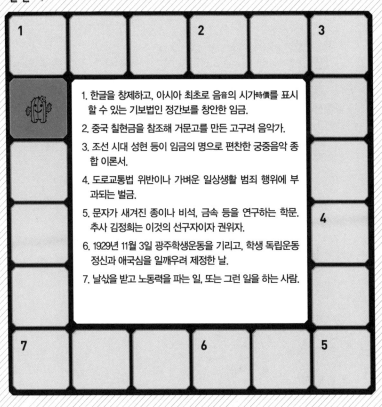

1			2		3

1. 한글을 창제하고, 아시아 최초로 음흡의 시가時價를 표시할 수 있는 기보법인 정간보를 창안한 임금.

2. 중국 칠현금을 참조해 거문고를 만든 고구려 음악가.

3. 조선 시대 성현 등이 임금의 명으로 편찬한 궁중음악 종합 이론서.

4. 도로교통법 위반이나 가벼운 일상생활 범죄 행위에 부과되는 벌금.

5. 문자가 새겨진 종이나 비석, 금속 등을 연구하는 학문. 추사 김정희는 이것의 선구자이자 권위자.

6. 1929년 11월 3일 광주학생운동을 기리고, 학생 독립운동 정신과 애국심을 일깨우려 제정한 날.

7. 날삯을 받고 노동력을 파는 일, 또는 그런 일을 하는 사람.

7		6		5

첫 글자 힌트 1. 세 3. 악 5. 금

005 정답

세	종	대	왕	산	악
					학
이					궤
팔					범
품					칙
날	의	생	학	석	금

1. 세종대왕世宗大王(재위 1418~1450)
한글을 창제하고 아시아 최초로 음의 시가를 표시할 수 있는 기보법인 정간보를 창안한 임금.

2. 왕산악王山岳
중국 칠현금을 참조해 거문고를 만든 고구려 음악가.

3. 악학궤범樂學軌範
조선 시대 성현 등이 임금의 명으로 편찬한 궁중음악 종합 이론서.

4. 범칙금犯則金
도로교통법 위반이나 가벼운 일상생활 범죄 행위에 부과되는 벌금.

5. 금석학金石學
문자가 새겨진 종이나 비석, 금속 등을 연구하는 학문. 추사 김정희는 이것의 선구자이자 권위자.

6. 학생의 날
1929년 11월 3일 광주학생운동을 기리고, 학생 독립운동 정신과 애국심을 일깨우려 제정한 날.

7. 날품팔이
날삯을 받고 노동력을 파는 일. 또는 그런 일을 하는 사람.

악학궤범

조선 성종 때인 1493년에 편찬된 음악 이론서이자, 궁중음악을 집대성한 조선 음악 백과사전이다. 조선은 예절만큼이나 음악을 중시했다. 바른 음악이 사람 마음을 좋게 해서 좋은 세상을 만든다고 생각했기 때문이다. 그런 정서를 바탕으로 낡거나 잘못된 악보를 바로잡고자 국가 차원에서 음악 책을 만들었던 것이다.

왕명에 따라 여러 사람이 작업했지만 한문 문장과 음률에 밝은 성현의 공로가 가장 컸다. 《악학궤범》은 궁궐에서 치르는 여러 의식 때 필요한 음악이나 연주 방법을 체계적으로 잘 정리했기에, 이후 궁중음악에 반드시 필요한 책으로서 여러 차례 간행되었다.

금석학

'쇠(金)와 돌(石)을 연구하는 학문'이란 뜻에서 짐작할 수 있듯 돌, 청동기, 도자기, 옥, 금속 등 단단한 물질에 새겨진 문장을 연구하는 학문이다.

우리나라의 경우 금석학에 관한 자료는 조선 시대 중엽 이후에 보인다. 17세기 선조의 왕손인 낭선군 이우가 금석을 수집하여 《대동금석서大東金石書》를 엮은 것이 최초이다. 여기서 '대동'은 '동쪽의 큰 나라', 즉 우리나라를 가리킨다.

　금석학 연구에 큰 업적을 남긴 사람은 추사체로 유명한 김정희로, 그는 북한산 정상에 있는 비석의 문장을 연구한 끝에 신라 진흥왕이 한강 유역을 영토로 편입한 뒤 세운 순수척경비巡狩拓境碑임을 밝혀냈다. 그 비석은 이전까지 고려 태조 왕건이나 무학대사의 비로 잘못 알려져오다가 금석학 덕분에 비로소 자기 존재를 알린 셈이다.

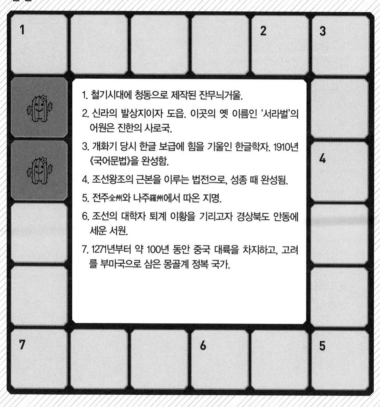

출발 ➡

1				2	3
					4
7			6		5

1. 철기시대에 청동으로 제작된 잔무늬거울.

2. 신라의 발상지이자 도읍. 이곳의 옛 이름인 '서라벌'의 어원은 진한의 사로국.

3. 개화기 당시 한글 보급에 힘을 기울인 한글학자. 1910년 《국어문법》을 완성함.

4. 조선왕조의 근본을 이루는 법전으로, 성종 때 완성됨.

5. 전주全州와 나주羅州에서 따온 지명.

6. 조선의 대학자 퇴계 이황을 기리고자 경상북도 안동에 세운 서원.

7. 1271년부터 약 100년 동안 중국 대륙을 차지하고, 고려를 부마국으로 삼은 몽골계 정복 국가.

첫 글자 힌트 1. 다 3. 주 5. 전

006 정답

출발 ➡

다	뉴	세	문	경	주
					시
					경
라					국
나					대
원	서	산	도	라	전

1. 다뉴세문경多鈕細文鏡
철기시대에 청동으로 제작된 잔무늬거울.

2. 경주慶州
신라의 발상지이자 도읍. 이곳의 옛 이름인 '서라벌'의 어원은 진한의 사로국.

3. 주시경周時經(1876~1914)
개화기 당시 한글 보급에 힘을 기울인 한글학자. 1910년 《국어문법》을 완성했다.

4. 경국대전經國大典
조선왕조의 근본을 이루는 법전으로 성종 때 완성되었다.

5. 전라도全羅道
전주와 나주에서 따온 지명.

6. 도산서원陶山書院
조선의 대학자 퇴계 이황을 기리고자 경상북도 안동에 세운 서원.

7. 원나라(1271~1368)
1271년부터 약 100년 동안 중국 대륙을 차지하고, 고려를 부마국으로 삼은 몽골계 정복 국가.

다뉴세문경

1960년대 충청남도 논산에서 발견된 다뉴세문경(잔무늬거울, 국보141호)은 '청동기시대의 불가사의'로 꼽힌다. 다뉴세문경은 거울(鏡) 뒷면에 뉴紐(끈으로 묶을 수 있는 고리)가 여러(多)개 달려 있고, 가느다란(細) 무늬(文)가 수없이 많은 데서 비롯된 명칭이다.

다뉴세문경은 청동기시대에서 초기 철기시대에 걸쳐 신성한 의식용 기구로 사용된 청동거울인데, 현대 과학으로도 재현이 어려운 과학 기술이 담겨 있다. 1밀리미터 폭에 2~3조의 줄무늬가 현미경으로나 보일 만큼 촘촘히 채워졌으며, 문양은 조금씩 모양을 달리하고 있다.

경국대전

조선왕조 통치의 기틀이 된 기본 법전으로 지금의 헌법에 해당한다. 조선 건국 전후부터 1484년에 이르기까지 약 100년 동안의 기록 가운데 영구히 시행해야 할 규정을 모아 엮었다. 중앙행정부 6조(이조, 호조, 예조, 병조, 형조, 공조)에 맞춰 6전

(이전, 호전, 예전, 병전, 형전, 공전)으로 구성했다.

구체적으로 '이전'은 직급 제도 및 관리의 임면과 사령, '호전'은 재정을 비롯해 인구 관리 및 세금과 상거래, '예전'은 여러 종류의 과거와 궁궐 의례 및 외교 의식, '병전'은 군사 제도와 군대, '형전'은 형벌과 재판 및 노비 상속, '공전'은 도로 및 도량형 산업 등에 대한 규정을 실었다.

도산서원

퇴계 이황은 영남 유림의 정신적 지주이자 조선 최고의 유학자로 존경받은 인물이다. 그런 이황의 정신을 기리고자 선조 때인 1574년 지방 유림들이 경상북도 안동시 도산면 도산서당 뒤편에 서원을 창건하고 위패를 모셨다.

1575년 선조 임금은 한석봉이 쓴 '도산' 현판을 내렸다. 이로써 도산서원은 사액서원이 되었다. '사액'이란 '액자를 준다'는 뜻이며, 임금이 사당이나 서원의 이름을 지어서 그 이름을 새긴 액자를 내리는 일을 이르던 말이다. 도산서원은 상징성이 워낙 강했기에, 조선 말기 흥선대원군이 전국적으로 서원 철폐령을 내렸을 때도 대상에서 제외되었다.

007

출발 ➡

1			2		3
					4
7			6		5

1. 고려 김부식이 신라 · 고구려 · 백제의 흥망과 변천을 기록한, 현존하는 최고最古의 정부 기록 역사서.

2. 개신교를 이르는 말. 크리스트교의 번역어.

3. 고려 시대 최충헌이 설치한 무신 정권의 최고 정치기구이자 실질적 권력기관.

4. 조선 후기 형벌 집행을 관장하던 관아. '죄인을 가두는 곳'을 뜻하는 '감옥'이란 말의 유래가 됨.

5. 백제 서동이 신라 진평왕의 딸 선화공주를 아내로 삼기 위해 지어 불렀다는 향가.

6. 고려 말엽인 1388년 최영 장군이 중심이 되어 명나라 요동을 공격하려 했던 계획.

7. 나무를 베어내는 장소. 조선 시대 왕궁에서 사용하는 이곳에 일반인 출입을 엄히 통제했음.

첫 글자 힌트 1. 삼 3. 교 5. 서

007 정답

출발 ➡

삼	국	사	기	독	교
국					정
					도
장					감
목					옥
벌	정	동	요	동	서

1. 삼국사기三國史記
고려 김부식이 신라·고구려·백제의 흥망과 변천을 기록한, 현존하는 최고의 정부 기록 역사서.

2. 기독교基督敎
개신교를 이르는 말. 크리스트교의 번역어.

3. 교정도감敎定都監
고려 시대 최충헌이 설치한 무신 정권의 최고 정치기구이자 실질적 권력기관.

4. 감옥서監獄署
조선 후기 형벌 집행을 관장하던 관아. '죄인을 가두는 곳'이란 뜻의 '감옥'은 감옥서에서 비롯된 말이다.

5. 서동요薯童謠
백제 서동이 신라 진평왕의 딸 선화공주를 아내로 삼기 위해 지어 불렀다는 향가.

6. 요동정벌遼東征伐
고려 말엽인 1388년 최영 장군이 중심이 되어 명나라 요동을 공격하려 했던 계획.

7. 벌목장 伐木場
나무를 베어내는 장소. 조선 시대 왕궁에서 사용하는 이곳에 일반인 출입을 엄히 통제했음.

삼국사기

고려 인종 때인 1145년 왕명에 따라 김부식이 주도해 고구려·백제·신라 3국의 정치적 흥망과 변천을 기록한 역사책이다. 고려 건국 후 200여 년이 흐른 시점에서 우리 역사를 일목요연하게 정리함으로써 민족의 자존심을 세우고 정체성을 강화하기 위함이었다.

아울러 고려 지배 세력의 문제점인 문벌 귀족들의 갈등과 대립이 국가적 위기로 이어질 수 있음을 경고하려는 목적도 있었다. 《삼국사기》는 정부에서 편찬한 책으로는 가장 오래된 현존 도서로서, 삼국시대의 실상을 알려주는 사료적 가치를 지니고 있다.

교정도감

고려 희종은 부왕의 선위로 왕위에 올랐으나 아무 실권이 없었다. 최충헌이 나랏일에 관한 모든 결정을 내렸기 때문이다. 희종과 뜻을 같이하는 몇몇 장군이 1204년 최충헌을 살해하려 했으나 계획을 논의하는 중에 들켜서 실패했고, 1209년에는 청교역 역리 세 명이 최충헌 암살 계획을 세우다가 역시 실패했다.

생명에 위협을 느낀 최충헌은 임시로 교정도감을 설치하고는 다른 암살자들이 있는지 찾아내라는 지시를 내렸다. 대대적인 피바람이 불었고, 반대 세력이 제거되었다. 이후 최충헌은 교정도감을 해체하지 않고 스스로 교정도감의 별감으로 있으면서 관리 임면 및 공무원 비리 적발, 전국 공물과 세금 제도 등 모든 국정을 처리했다.

이에 따라 교정별감은 무신 정권에서 나랏일을 총괄하는 중심 기관이 됐으며, 최충헌이 죽은 뒤에는 최후, 최항, 최우가 교정별감 직을 물려받아 왕권을 대신했다.

감옥서

1894년 갑오개혁 때 좌·우포청을 합쳐 경무청警務廳을 설립하면서 경무사警務使로 하여금 감옥 사무를 관장하게 하는 동시에, 종래의 전옥서典獄署를 감옥서로 개칭하고 〈감옥규칙〉을 새로 제정했다. 1907년에는 칙령을 바꿔 감옥서 명칭을 '감옥'으로 바꾸었다. 이로써 죄인을 가두는 곳을 감옥이라 하게 됐다.

008

출발 ➡

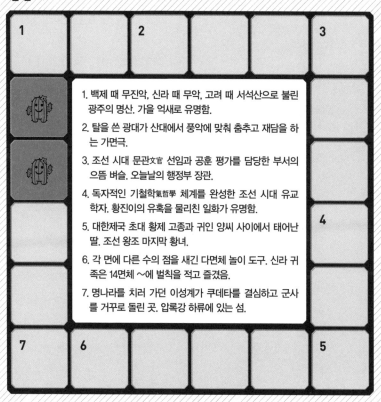

1		2			3
					4
7	6				5

1. 백제 때 무진악, 신라 때 무악, 고려 때 서석산으로 불린 광주의 명산. 가을 억새로 유명함.

2. 탈을 쓴 광대가 산대에서 풍악에 맞춰 춤추고 재담을 하는 가면극.

3. 조선 시대 문관文官 선임과 공훈 평가를 담당한 부서의 으뜸 벼슬. 오늘날의 행정부 장관.

4. 독자적인 기철학氣哲學 체계를 완성한 조선 시대 유교 학자. 황진이의 유혹을 물리친 일화가 유명함.

5. 대한제국 초대 황제 고종과 귀인 양씨 사이에서 태어난 딸. 조선 왕조 마지막 황녀.

6. 각 면에 다른 수의 점을 새긴 다면체 놀이 도구. 신라 귀족은 14면체 ~에 벌칙을 적고 즐겼음.

7. 명나라를 치러 가던 이성계가 쿠데타를 결심하고 군사를 거꾸로 돌린 곳. 압록강 하류에 있는 섬.

첫 글자 힌트 1. 무 3. 이 5. 덕

43

008 정답

출발 ➡

무	등	산	대	놀	이
					조
					판
도					서
화					경
위	사	주	옹	혜	덕

1. 무등산無等山
백제 때 무진악, 신라 때 무악, 고려 때 서석산으로 불린 광주의 명산. 가을 억새로 유명하다.

2. 산대놀이
탈을 쓴 광대가 산대에서 풍악에 맞춰 춤추고 재담을 하는 가면극.

3. 이조판서吏曹判書
조선 시대 문관 선임과 공훈 평가를 담당한 부서의 으뜸 벼슬. 오늘날의 행정부 장관.

4. 서경덕徐敬德(1489~1546)
독자적인 기철학 체계를 완성한 조선 시대 유교 학자. 황진이의 유혹을 물리친 일화가 유명하다.

5. 덕혜옹주德惠翁主(1912~1989)
대한제국 초대 황제 고종과 귀인 양씨 사이에서 태어난 딸. 조선 왕조 마지막 황녀.

6. 주사위
각 면에 다른 수의 점을 새긴 다면체 놀이 도구. 신라 귀족은 14면체 주사위에 벌칙을 적고 즐겼음.

7. 위화도威化島
명나라를 치러 가던 이성계가 쿠데타를 결심하고 군사를 거꾸로 돌린 곳. 압록강 하류에 있는 섬.

산대놀이

조선 인조 이후 산대연희山臺演戱가 공식적인 의식에서 제외되었다. '산대'는 빈터에 높이 대를 쌓아 마련한 임시 무대를 가리키고, '연희'는 말과 몸짓으로 여러 사람 앞에서 재주 부리는 것을 이르는 말이다. 산대연희에서 재주 부리는 사람들은 편놈(伴人)이라고 했다.

갑자기 산대연희가 폐지되자 일자리를 잃은 편놈들은 여기저기 흩어져 살면서 제각기 거주지를 중심으로 산대놀이 단체를 만들었다. 그리고 대중을 상대로 공연하면서 생계를 이어갔다. 이때 조직된 노량진산대, 퇴계원산대 등을 본산대本山臺라고 불렀는데, 현재는 전하지 않는다.

얼마 뒤에는 한양 외곽과 경기도 지역에도 산대놀이 단체가 생겼고, 이들을 별산대別山臺라고 불렀다. 양주별산대놀이와 송파산대놀이는 지금까지 전해져오고 있다. 산대놀이는 탈춤에 비해 형식을 갖추고 있고, 춤사위 분류도 다양하다.

이조판서

이조吏曹는 고려와 조선 시대의 행정기관으로, 육조六曹 가운데 우두머리에 해당하는 부서이다. 관리를 뽑거나 임명하고 상벌을 내리는 등 인사고과에 관한 일을 맡았다. 오늘날의 행정부와 같은 역할을 했다.

최고 책임자는 판서(정2품 벼슬)였으며, 오늘날 장관에 해당된다. 판서 아래에 참판參判(종2품 벼슬)과 참의參議(정3품 벼슬)가 각각 한 명씩 있었다. 중대한 일이나 돌발적인 일은 고위직인 판서, 참판, 참의가 협의해 지휘 및 처리했다.

덕혜옹주

대한제국의 초대 황제 고종과 귀인 양씨의 딸이자 조선 왕조의 마지막 황녀이다. '덕혜'라는 호를 하사받기 전까지 '복녕당 아기씨'로 불렸으며, 일제강점기 일본 요구에 따라 일본인과 정략결혼을 했다. 강제로 나라를 떠난 데다 원치 않는 결혼까지 하면서 1930년 처음 정신분열증 증세를 보였고, 이후 병세가 악화되어 일생을 고통스럽게 살았다. 1962년 대한민국으로 귀국해 1989년 사망했다.

한편 공주公主는 임금과 정비 사이에 태어난 딸, 옹주는 임금의 후궁에게서 난 딸을 이르는 말이다.

009

출발 ➡

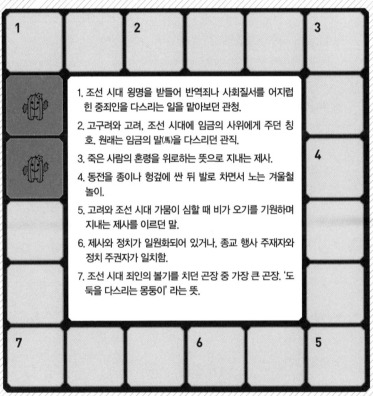

1		2			3

1. 조선 시대 왕명을 받들어 반역죄나 사회질서를 어지럽힌 중죄인을 다스리는 일을 맡아보던 관청.

2. 고구려와 고려, 조선 시대에 임금의 사위에게 주던 칭호. 원래는 임금의 말(馬)을 다스리던 관직.

3. 죽은 사람의 혼령을 위로하는 뜻으로 지내는 제사.

4. 동전을 종이나 헝겊에 싼 뒤 발로 차면서 노는 겨울철 놀이.

5. 고려와 조선 시대 가뭄이 심할 때 비가 오기를 기원하며 지내는 제사를 이르던 말.

6. 제사와 정치가 일원화되어 있거나, 종교 행사 주재자와 정치 주권자가 일치함.

7. 조선 시대 죄인의 볼기를 치던 곤장 중 가장 큰 곤장. '도둑을 다스리는 몽둥이'라는 뜻.

7			6		5

첫 글자 힌트 1. 의 3. 위 5. 기

47

009 정답

출발 ➡

의	금	부	마	도	위
·					령
					제
곤					기
도					차
치	일	정	제	우	기

1. 의금부義禁府
조선 시대 왕명으로 반역죄나 사회질서를 어지럽힌 중죄인을 다스리는 일을 맡아보던 관청.

2. 부마도위駙馬都尉
고구려와 고려, 조선 시대에 임금의 사위에게 주던 칭호. 원래는 임금의 말馬을 다스리던 관직.

3. 위령제慰靈祭
죽은 사람의 혼령을 위로하는 뜻으로 지내는 제사.

4. 제기차기
동전을 종이나 헝겊에 싼 뒤 발로 차면서 노는 겨울철 놀이.

5. 기우제祈雨祭
고려와 조선 시대 가뭄이 심할 때 비가 오기를 기원하며 지내는 제사를 이르던 말.

6. 제정일치祭政一致
제사와 정치가 일원화되어 있거나, 종교 행사 주재자와 정치 주권자가 일치함.

7. 치도곤治盜棍
조선 시대 죄인의 볼기를 치던 곤장 중 가장 큰 곤장. 직역하면 '도둑을 다스리는 몽둥이'.

의금부

고려와 조선의 수사기관으로, 오늘날 검찰과 경찰에 해당한다. 금부禁府 또는 왕부王府라고도 하며, 왕명을 받들어 추국推鞠하는 일을 담당했다. '추국'은 임금의 특명에 따라 중죄인을 조사하는 일을 말한다.

의금부 관리들은 왕권을 위협하는 이들을 엄히 조사하고 처벌함으로써 왕권 확립에 공헌했다. 또한 강상죄綱常罪, 즉 유교 도덕에 어긋나는 행위를 전담해 조선왕조의 유교 윤리를 옹호하는 데도 큰 역할을 했다.

부마도위

부마는 원래 천자天子(임금)가 타는 부거副車(예비 수레)를 끄는 말이라는 뜻이며, 그 말을 맡아보는 관리를 부마도위라 했다. 그런데 부마도위의 봉록(직위에 따라 받는 봉급)이 재상에 버금가자 나중에는 오직 임금의 사위(공주의 남편)에게만 부여되는 벼슬이 되었다. 흔히 줄여서 '부마'라고 부른다.

치도곤

'도둑을 다스리는 곤장'이다. 곤장棍杖에서 '곤'은 몽둥이, '장'은 지팡이를 뜻한다. 곤장은 버드나무를 넓적하고 길게 깎아 만든 것으로, 태笞(대나무로 만든 회초리)와 장杖(회초리 매보다 굵은 막대기)보다 훨씬 강력했다. 곤장은 크기에 따라 다섯 가지로 구분됐으며, 치도곤이 가장 컸다. 치도곤의 길이는 약 173센티미터, 두께는 약 3센티미터였다.

곤장으로 몇 대 맞으면 엉덩이에서 피가 나고, 열 대가 넘어가면 살점이 떨어져 나갈 정도였다. 심할 경우 볼기를 맞던 죄인이 목숨을 잃기도 했다. 그래서 대체로 태나 장을 때렸으며, 특별한 경우가 아니면 곤장을 치지 않았다.

곤장은 도적이나 변방 지역의 부패한 관리, 왕릉 주변 산림을 훼손한 자들에게 행해졌다. 치도곤으로 곤장을 맞을 경우 고통이 엄청났기에, 지금도 호된 벌을 내릴 때 '치도곤을 안기다'라고 표현한다.

010

출발 ➡

1		2			3
🌵					4
🌵					
7				6	5

1. 영월대, 낙화암, 고란사 등의 고적이 있는, 충청남도 부여의 백제 궁터.

2. 조선 숙종 때 농업 및 가정생활에 도움을 주고자 홍만선이 지은 책.

3. 신령이나 죽은 사람의 넋에게 음식을 차려 정성을 나타내는 의식.

4. 사람이 죽은 지 49일 되는 날 죽은 이의 명복을 빌고자 부처에게 드리는 공양 의식.

5. 임금을 보좌하며 모든 관원을 지휘 · 감독하는 일을 맡은 이품 이상의 벼슬.

6. 윗물이 흐리면 아랫물도 깨끗하지 못하다. 윗사람이 타락하면 아랫사람도 닮게 됨을 이르는 말.

7. 조선 후기 실학을 집대성한 학자. 수원 화성 축조의 지휘자이자 《목민심서》의 저자. 호는 다산茶山.

첫 글자 힌트 1. 부 3. 제 5. 재

010 정답

출발 ➡

부	소	산	림	경	제
					사
					십
용					구
약					일
정	부	하	탁	상	재

1. 부소산
영월대, 낙화암, 고란사 등의 고적이 있는, 충청남도 부여의 백제 궁터.

2. 산림경제 山林經濟
조선 숙종 때 농업 및 가정생활에 도움을 주고자 홍만선이 지은 책.

3. 제사 祭祀
신령이나 죽은 사람의 넋에게 음식을 차려 정성을 나타내는 의식.

4. 사십구일재 四十九日齋
사람이 죽은 지 49일 되는 날 죽은 이의 명복을 빌고자 부처에게 드리는 공양
의식.

5. 재상 宰相
임금을 보좌하며 모든 관원을 지휘 · 감독하는 일을 맡은 이품 이상의 벼슬.

6. 상탁하부정 上濁下不淨
윗물이 흐리면 아랫물도 깨끗하지 못하다. 윗사람이 타락하면 아랫사람도 닮게
됨을 이르는 말.

7. 정약용 丁若鏞(1762~1836)
조선 후기 실학을 집대성한 학자. 수원 화성 축조의 지휘자이자 《목민심서》의 저
자 . 호는 다산.

산림경제

조선 숙종 때 실학자 홍만선이 농업과 일상생활에 관해 광범위한 내용을 적은 책이다. 건축물 기초공사, 나무 심기, 꽃 기르기, 식품 저장, 벌레 퇴치 등 다양한 내용을 다뤘다. 손으로 쓴 필사본으로 전해오다가 영조 때인 1766년 책으로 발행되었다. 《산림경제》는 우리나라 최초의 자연과학 및 기술에 관한 도서로서 그 가치가 크다.

제사

천지신명이나 죽은 이의 넋에게 제물을 바쳐 정성을 나타내는 행위를 이르는 말이다. 유교에서는 제례祭禮라고 말하기도 한다. 일반적으로 제사는 지배 계층이나 중·상류층이 치르는 의식 행위였다. 제사는 하늘과의 교감인 동시에 대대로의 혈통을 인정받는 행위였던 까닭이다. 조선 시대 평민이나 천민은 제사를 지낼 수 없었다. 만약 제사를 지내다 들키면 곤장을 맞았다.

한편 제사상에는 복숭아, 팥, 고추, 마늘 따위를 올리지 않았다. 귀신은 붉은색과 마늘을 싫어한다는 이유에서였다. 오늘날에도 이런 관습이 지켜지고 있다.

사십구일재

사람이 죽은 지 49일째 되는 날, 죽은 이가 좋은 곳에 태어나길 기원하며 명복과 극락왕생을 비는 불공 의식을 말한다. 쉽게 말해 죽은 사람의 새로운 삶을 기원하는 의식이다. 원칙적으로 7일마다 일곱 차례 재를 지내므로 '칠칠재七七齋'라고도 한다.

불가에서는 사람이 죽으면 49일 동안 중유中有에 머물다가 지은 업業(살아서 행한 일로 다음 생에서 받게 되는 응보)에 따라 다시 생을 받는다고 한다. 따라서 이 기간 동안 죽은 이를 위해 지극하게 재를 지내면 죽은 이의 악업이 소멸되어 좋은 데로 왕생한다고 여긴다. 즉 사람은 죽어서 다시 7일마다 생사를 반복하다가 마지막 49일째는 반드시 출생의 조건을 얻어 다음에 올 삶의 형태가 결정된다는 것이다. 불교에서 49재가 사자의 명복을 비는 의식으로 정착되고 중시된 것은 이런 관념에서 연유한다. 줄여서 '사십구재'라고도 말한다.

011

출발 ➡

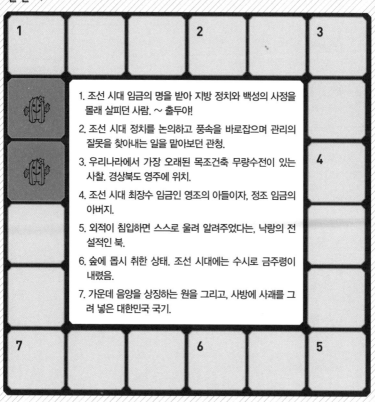

| 1 | | | 2 | | 3 |

1. 조선 시대 임금의 명을 받아 지방 정치와 백성의 사정을 몰래 살피던 사람. ~ 출두야!

2. 조선 시대 정치를 논의하고 풍속을 바로잡으며 관리의 잘못을 찾아내는 일을 맡아보던 관청.

3. 우리나라에서 가장 오래된 목조건축 무량수전이 있는 사찰. 경상북도 영주에 위치.

4. 조선 시대 최장수 임금인 영조의 아들이자, 정조 임금의 아버지.

5. 외적이 침입하면 스스로 울려 알려주었다는, 낙랑의 전설적인 북.

6. 숲에 몹시 취한 상태. 조선 시대에는 수시로 금주령이 내렸음.

7. 가운데 음양을 상징하는 원을 그리고, 사방에 사괘를 그려 넣은 대한민국 국기.

| 7 | | | 6 | | 5 |

첫 글자 힌트 1. 암 3. 부 5. 자

55

011 정답

출발 ➡

암	행	어	사	헌	부
					석
					사
기					도
극					세
태	망	주	고	명	자

1. 암행어사暗行御史
조선 시대 임금의 명을 받아 지방 정치와 백성의 사정을 몰래 살피던 사람.

2. 사헌부司憲府
조선 시대 정치를 논의하고 풍속을 바로잡으며 관리들의 잘못을 찾아내는 일을 맡아보던 관청.

3. 부석사浮石寺
우리나라에서 가장 오래된 목조건축 무량수전이 있는 사찰. 경상북도 영주에 위치.

4. 사도세자思悼世子(1735~1762)
조선 시대 최장수 임금인 영조의 아들이자, 정조 임금의 아버지.

5. 자명고自鳴鼓
외적이 침입하면 스스로 울려 알려주었다는 낙랑의 전설적인 북.

6. 고주망태
술에 몹시 취한 상태. 조선 시대에는 수시로 금주령이 내려졌다.

7. 태극기太極旗
가운데 음양을 상징하는 원을 그리고, 사방에 사괘를 그려 넣은 대한민국 국기.

암행어사

암행어사는 조선의 독특한 제도였다. 초기에는 국왕과 신하 사이의 신의를 깨는 행위로 여겨 암행감찰이 금기시됐으나, 부패한 지방 관리들에 대한 백성의 불만이 많아지면서 상황이 달라졌다. 6세기 들어 지방 수령의 비리 문제가 계속 커지자 마침내 암행어사가 제도화되었다.

암행어사라는 명칭은 1509년 11월 실록에 처음 등장한다. 비밀 유지를 위해 임금은 어사 임명자를 직접 불러 임무와 목적지를 알려주고 봉서와 마패 등을 전달했다. 임명된 어사는 당일 출발 원칙에 따라 자기 집에도 들르지 못하고 예정된 곳으로 가야 했다.

한편 마패는 말(馬)을 사용할 수 있는 권리 표시였다. 마패에 새겨진 말의 수만큼 역참(출장 공무원 숙소)에서 말을 징발할 수 있었다. 하지만 신분을 감춰야 하는 처지에서 말을 타기가 곤란했으므로 마패는 암행어사의 신분증 같은 역할만 했다.

사헌부

고려와 조선 시대에 언론, 감찰, 탄핵을 관장하던 관청이다. 여기서 '언론'은 정치의 옳고 그름을 논하거나 부정한 인사를 탄핵하는 일, 그리고 왕의 언행에 잘못이 있을 때 바로잡는 일 등을 의미한다. 그런가 하면 '감찰'은 공적인 일을 잘하고 있는지 조사하고 감독하는 일을 뜻하고, '탄핵'은 잘못을 저지른 관리를 내쫓거나 처벌하는 활동을 이르는 말이다.

《경국대전》에 따르면, 사헌부는 정치의 시비에 대한 언론 활동, 관리에 대한 규찰, 풍속 바로잡기, 원통하고 억울한 일 풀어주기, 거짓된 행위 금하기 등을 담당했다.

사도세자

조선 21대 국왕인 영조가 나이 41세에 얻은 늦둥이 아들이다. 하지만 세자를 못마땅하게 생각하는 당파는 영조와 세자 사이를 이간질했고, 급기야 영조는 세자에게 자결을 명했다. 세자가 거부하자 영조는 세자를 뒤주에 가둬 굶어 죽게 했다. 나중에 영조는 자기가 한 일을 후회하면서 죽은 아들에게 '사도세자'라는 시호를 내렸다. 사도세자의 아들인 정조는 왕위에 오른 뒤 아버지를 추모하며 '장헌莊獻'이라는 시호를 올렸다.

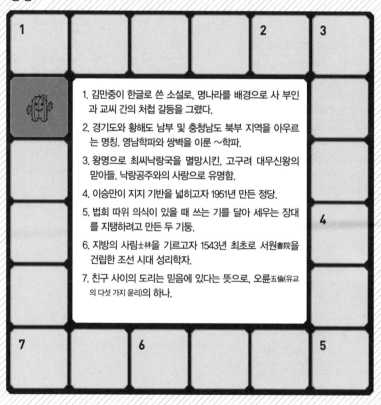

012

출발 ➡

1				2	3

1. 김만중이 한글로 쓴 소설로, 명나라를 배경으로 사 부인과 교씨 간의 처첩 갈등을 그렸다.

2. 경기도와 황해도 남부 및 충청남도 북부 지역을 아우르는 명칭. 영남학파와 쌍벽을 이룬 ~학파.

3. 왕명으로 최씨낙랑국을 멸망시킨, 고구려 대무신왕의 맏아들. 낙랑공주와의 사랑으로 유명함.

4. 이승만이 지지 기반을 넓히고자 1951년 만든 정당.

5. 법회 따위 의식이 있을 때 쓰는 기를 달아 세우는 장대를 지탱하려고 만든 두 기둥.

6. 지방의 사림士林을 기르고자 1543년 최초로 서원書院을 건립한 조선 시대 성리학자.

7. 친구 사이의 도리는 믿음에 있다는 뜻으로, 오륜五倫(유교의 다섯 가지 윤리)의 하나.

7		6			5

첫 글자 힌트 1. 사 3. 호 5. 당

59

012 정답

1. 사씨남정기謝氏南征記
김만중이 한글로 쓴 소설로, 명나라를 배경으로 사 부인과 교씨 간의 처첩 갈등을 그렸다.

2. 기호畿湖
경기도와 황해도 남부 및 충청남도 북부 지역을 아우르는 명칭.

3. 호동왕자好童王子
왕명으로 최씨낙랑국을 멸망시킨, 고구려 대무신왕의 맏아들. 낙랑공주와의 사랑으로 유명하다.

4. 자유당自由黨
이승만이 지지 기반을 넓히고자 1951년 만든 정당.

5. 당간지주幢竿支柱
법회 따위 의식이 있을 때 쓰는 기를 달아 세우는 장대를 지탱하려고 만든 두 기둥.

6. 주세붕周世鵬(1495~1554)
지방의 사림士林을 기르고자 1543년 최초로 서원을 건립한 조선 시대 성리학자.

7. 붕우유신朋友有信
친구 사이의 도리는 믿음에 있다는 뜻으로, 오륜(유교의 다섯 가지 윤리)의 하나.

사씨남정기

명나라 사람 유연수는 덕이 뛰어난 사 소저를 아내로 맞이했다. 사 부인은 자식을 낳지 못하자 남편에게 첩妾(정식 아내 외에 함께 데리고 사는 여자)을 얻으라고 권했다. 연수는 마지못해 교씨를 첩으로 맞이했다. 교씨는 아들을 낳은 후 간악한 성품을 드러냈다. 계집종을 시켜 자기 아들을 죽게 한 후 사 부인의 소행이라며 모함해 내쫓고 정식 아내 자리를 차지했다. 교씨는 재산까지 뺏기 위해 유연수를 유배지로 가게 만들었다. 우여곡절 끝에 유연수는 사면되어 돌아오는 길에 우연히 모든 사실을 알게 됐다. 유연수는 극적으로 만난 사 부인에게 사죄했고, 교씨를 죽여 원수를 갚았다.

김만중이 쓴 《사씨남정기》의 주요 내용이다. 중국을 배경으로 하지만, 실제는 우리나라에서 일어난 일을 다뤘다. 조선 19대 왕 숙종이 인현왕후를 폐위하고 후궁 희빈 장씨를 왕비로 책봉한 사건을 비판한 것이다. 《사씨남정기》는 숙종에게 깨달음을 주고자 쓴 목적 소설이지만, 여러 인물 형상을 표현함으로써 후대 소설의 참고 자료가 되었다.

호동왕자

고구려 3대 임금 대무신왕의 맏아들이다. 외모가 수려한 데다 효심이 깊어 '좋아하는 아이'란 뜻의 호동으로 불릴 만큼 국왕에게 총애를 받았다. 호동은 낙랑왕 최리의 행렬에서 낙랑공주(최리의 딸)를 만나 서로 사랑하는 사이가 되었고, 국왕에게 허락받지 않은 상태에서 낙랑공주와 혼인했다.

그런데 잠시 고국으로 돌아온 호동에게 최씨낙랑국을 멸망시키라는 어명이 떨어졌다. 고민하던 호동은 자신의 부인이 된 낙랑공주에게 자명고(외부 공격이 있으면 저절로 울린다는 북)를 찢어달라고 부탁했고, 낙랑공주는 그렇게 했다. 그 즉시 호동왕자는 낙랑국을 공격했으며, 최리는 딸을 죽인 뒤 고구려에 항복했다.

호동은 낙랑공주의 죽음에 대한 자책감으로 괴로워하다가, 왕후를 괴롭혔다는 누명을 쓰자 변명조차 하지 않은 채 스스로 목숨을 끊었다. 호동왕자와 낙랑공주의 사랑은 이렇게 비극으로 막을 내렸다.

013

출발 ➡

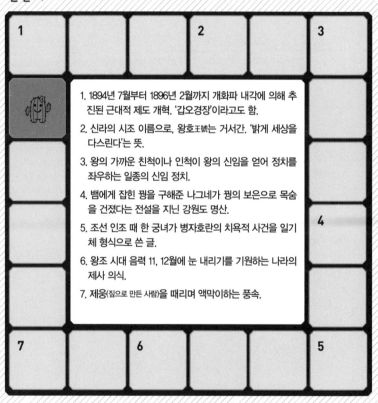

| 1 | | | 2 | | 3 |

1. 1894년 7월부터 1896년 2월까지 개화파 내각에 의해 추진된 근대적 제도 개혁. '갑오경장'이라고도 함.

2. 신라의 시조 이름으로, 왕호王號는 거서간. '밝게 세상을 다스린다'는 뜻.

3. 왕의 가까운 친척이나 인척이 왕의 신임을 얻어 정치를 좌우하는 일종의 신임 정치.

4. 뱀에게 잡힌 꿩을 구해준 나그네가 꿩의 보은으로 목숨을 건졌다는 전설을 지닌 강원도 명산.

5. 조선 인조 때 한 궁녀가 병자호란의 치욕적 사건을 일기체 형식으로 쓴 글.

6. 왕조 시대 음력 11, 12월에 눈 내리기를 기원하는 나라의 제사 의식.

7. 제웅(짚으로 만든 사람)을 때리며 액막이하는 풍속.

| 7 | | 6 | | | 5 |

첫 글자 힌트 1. 갑 3. 세 5. 산

63

013 정답

출발 ➡

갑	오	개	혁	거	세
					도
기					정
치					치
웅					악
제	설	기	일	성	산

1. 갑오개혁甲午改革
   1894년 7월부터 1896년 2월까지 개화파 내각에 의해 추진된 근대적 제도 개혁. '갑오경장'이라고도 한다.

2. 혁거세赫居世(재위 기원전 57~기원 후 4)
   신라의 시조 이름. 신라 초기의 왕호로 '밝게 세상을 다스린다는 뜻'을 가지고 있다.

3. 세도정치勢道政治
   왕의 가까운 친척이나 인척이 왕의 신임을 얻어 정치를 좌우하는 일종의 신임 정치.

4. 치악산雉岳山
   뱀에게 잡힌 꿩을 구해준 나그네가 꿩의 보은으로 목숨을 건졌다는 전설을 지닌 강원도 명산.

5. 산성일기山城日記
   조선 인조 때 한 궁녀가 병자호란의 치욕적인 사건을 일기체 형식으로 쓴 글.

6. 기설제祈雪祭
   왕조 시대 음력 11, 12월에 눈 내리기를 기원하는 나라의 제사 의식을 이르던 말.

7. 제웅치기
   제웅(짚으로 만든 사람)을 때리며 액막이하는 풍속.

갑오개혁

1894년 갑오농민전쟁으로 위기에 빠진 민씨 정권은 청나라에 도움을 요청했다. 청나라가 조선에 군대를 보내자, 일본도 제멋대로 조선에 군대를 출동시켰다. 조선 정부는 양국 군대에 철수를 요청했으나, 일본군은 오히려 그해 7월 23일 궁궐에 난입해 민씨 세력을 몰아내고는 흥선대원군을 영입하는 한편으로 김홍집 등 개화파 인사들로 새로운 내각을 구성하게 했다.

이렇게 탄생한 보수적인 대원군과 개화파의 기묘한 연립 정권은 사실상 일본의 영향력 아래에 있었다. 7월 27일 설치된 내정 개혁 추진 기구 군국기무처를 통해 약 210건의 개혁안이 제정됐는데, 조선을 근대화하기 위한 법안도 많았지만 일본의 이익을 보장하는 내용도 적지 않았다. 12월 17일 청일전쟁의 승리를 확신한 일본은 대원군을 퇴위시키고 군국기무처를 폐지했다. 이어 일본에 망명 중이던 박영효를 불러 김홍집과 연립내각을 세우게 했다. 2차 개혁에 나선 개화파는 〈홍범14조〉를 발표했는데, 이는 우리나라 최초로 헌법적

성격을 띤 법령이었다.

2차 개혁은 얼마 가지 못했다. 일본이 개혁 방향에 불만을 품은 데다, 고종과 왕비가 반발했기 때문이다. 이에 박영효는 다시 일본으로 망명했고, 1895년 김홍집이 주도해서 1896년 2월까지 3차 개혁을 시도했다. 이때 시행한 단발령은 전국적인 반발을 일으켰고, 결국 김홍집을 비롯한 내각 요인들이 성난 군중에게 살해되는 비극이 벌어졌다. 이로써 갑오개혁은 막을 내렸다.

세도정치

조선 시대 외척 세도 가문이 권력을 주도했던 정치 형태를 이르는 말이다. '외척'은 어머니 쪽의 친척을 가리키고, '세도'는 정치적으로 세력을 휘두름을 뜻한다. 즉 국왕의 어머니 쪽 친척이 정치적으로 세력을 휘두르는 것이 세도정치이다. 정조 때 홍국영이 국왕의 신임을 등에 업고 처음으로 세도정치를 부렸으며, 순조 이후에는 안동 김씨와 풍양 조씨가 정치적으로 주도권을 행사했다.

014

출발 ➡

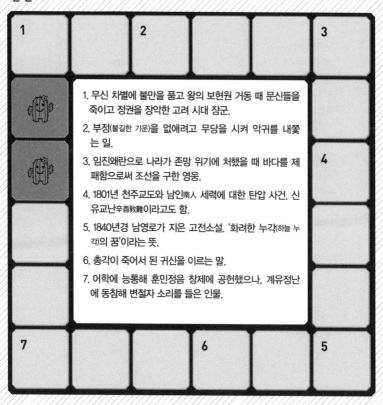

1. 무신 차별에 불만을 품고 왕의 보현원 거동 때 문신들을 죽이고 정권을 장악한 고려 시대 장군.
2. 부정(불길한 기운)을 없애려고 무당을 시켜 악귀를 내쫓는 일.
3. 임진왜란으로 나라가 존망 위기에 처했을 때 바다를 제패함으로써 조선을 구한 영웅.
4. 1801년 천주교도와 남인南人 세력에 대한 탄압 사건. 신유교난辛酉教難이라고도 함.
5. 1840년경 남영로가 지은 고전소설. '화려한 누각(하늘 누각)의 꿈'이라는 뜻.
6. 총각이 죽어서 된 귀신을 이르는 말.
7. 어학에 능통해 훈민정음 창제에 공헌했으나, 계유정난에 동참해 변절자 소리를 들은 인물.

첫 글자 힌트 1. 정 3. 이 5. 옥

67

014 정답

1. 정중부鄭仲夫(1106~1179)

무신 차별에 불만을 품고 왕의 보현원 거동 때 문신들을 죽이고 정권을 장악한 고려 시대 장군.

2. 부정풀이

부정(불길한 기운)을 없애려고 무당을 시켜 악귀를 내쫓는 일.

3. 이순신李舜臣(1545~1598)

임진왜란으로 나라가 존망 위기에 처했을 때 바다를 제패함으로써 조선을 구한 영웅.

4. 신유사옥辛酉邪獄

1801년 천주교도와 남인 세력에 대한 탄압 사건. 신유교난辛酉敎難이라고도 함.

5. 옥루몽玉樓夢

1840년경 남영로가 지은 고전소설. '화려한 누각(하늘 누각)의 꿈'이라는 뜻이다.

6. 몽달귀신

총각이 죽어서 된 귀신을 이르는 말.

7. 신숙주申叔舟(1417~1475)

어학에 능통해 훈민정음 창제에 공헌했으나, 계유정난에 동참해 변절자 소리를 들은 인물.

부정풀이

굿을 본격적으로 하기 전에 치르는 의례이며, 불결하고 부정 不淨한 것을 없애는 절차를 이르는 말이다. 다시 말해 하늘의 신이 찾아와 앉을 제당을 미리 깨끗하고 신성한 공간으로 만들고자 하는 행위가 곧 부정풀이인 것이다. 비유하자면 손님을 초대하기 전에 방 청소를 하는 것과 같다. 따라서 굿의 맨 처음에 행해지며, '부정굿' 또는 '부정거리'라고도 말한다.

부정풀이는 전국적으로 행해졌지만, 그 절차는 조금씩 달랐다. 황해도굿에서는 흰 고깔을 쓰고 흰 장삼을 입은 무당이 경건한 동작의 춤을 추며 노래를 불렀고, 강원도 성황제에서는 깨끗한 물을 떠서 한번은 성황당 왼쪽으로, 한번은 오른쪽으로 돌며 물을 뿌렸다. 부정한 기운을 노래로 내쫓거나 깨끗한 물로 씻어낸다는 형식적 차이는 있으나, 모두 부정을 없애려 한다는 공통점이 있다.

신유사옥

조선 후기 천주교를 믿는 사람들이 서서히 늘어나자 집권 세력은 위기의식을 느꼈다. 1800년 정조가 갑작스레 붕어한 뒤 어린 순조가 즉위해 정순왕후가 수렴청정을 할 때, 벽파僻派 (노론 계열의 당파) 정권이 천주교도와 남인南人(동인 계열에서 갈라져 나온 당파)을 탄압했다. 천주교가 유교를 위협하는데 남인이 천주교를 옹호한다는 논리에서였다.

1801년 1월 정순왕후는 천주교를 사학邪學으로 규정하며 반역죄로 다스리라는 명령을 내렸다. 천주교가 혈연과 군신 관계를 부정해 인륜을 무너뜨린다는 이유였다.

그해 2월 정약종과 이승훈을 비롯한 많은 천주교도가 처형 되고, 정약전과 정약용 형제는 먼 곳으로 유배되었다. 가을에 는 황사영이 중국이나 서양의 힘으로 신앙의 자유를 얻게 해 달라는 내용의 편지를 보내려다가 들키는 바람에 관계된 100 명이 처형되고 400여 명이 유배되었다. 신유년에 일어난 이 사건을 신유사옥 또는 신유박해辛酉迫害라고 한다.

한편 '신유사옥'과 '신유박해'라는 두 용어에는 미묘한 차 이가 있다. 천주교를 사교邪敎로 지목하고 그들을 탄압한 당 사자로서는 사옥邪獄이라 부르고, 신자들로서는 괴롭힘을 당 했으니 박해라 칭하기 때문이다.

015

출발 ➡

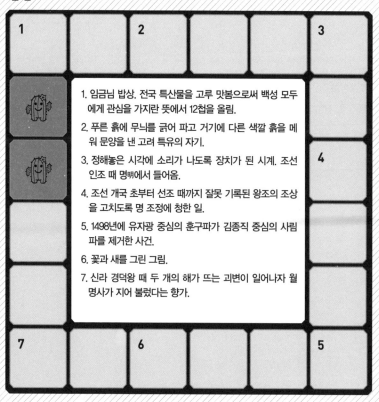

1. 임금님 밥상. 전국 특산물을 고루 맛봄으로써 백성 모두에게 관심을 가지란 뜻에서 12첩을 올림.

2. 푸른 흙에 무늬를 긁어 파고 거기에 다른 색깔 흙을 메워 문양을 낸 고려 특유의 자기.

3. 정해놓은 시각에 소리가 나도록 장치가 된 시계. 조선 인조 때 명明에서 들어옴.

4. 조선 개국 초부터 선조 때까지 잘못 기록된 왕조의 조상을 고치도록 명 조정에 청한 일.

5. 1498년에 유자광 중심의 훈구파가 김종직 중심의 사림파를 제거한 사건.

6. 꽃과 새를 그린 그림.

7. 신라 경덕왕 때 두 개의 해가 뜨는 괴변이 일어나자 월명사가 지어 불렀다는 향가.

1

2

3

4

7

6

5

첫 글자 힌트 1. 수 3. 자 5. 무

015 정답

출발 ➡

수	라	상	감	청	자
					명
					종
가					계
솔					변
도	조	화	사	오	무

1. 수라상水剌床
임금님 밥상. 전국 특산물을 고루 맛봄으로써 백성 모두에게 관심을 가지란 뜻에서 12첩을 올림.

2. 상감청자象嵌青瓷
푸른 흙에 무늬를 긁어 파고 거기에 다른 색깔 흙을 메워 문양을 낸 고려 특유의 자기.

3. 자명종自鳴鐘
미리 정해놓은 시각이 되면 저절로 소리가 나도록 장치가 된 시계. 조선 인조 재위 당시 명으로부터 수입되었다.

4. 종계변무宗系辨誣
조선 개국 초부터 선조 때까지 잘못 기록된 왕조의 조상을 고치도록 명 조정에 청한 일.

5. 무오사화戊午士禍
1498년에 유자광 중심의 훈구파가 김종직 중심의 사림파를 제거한 사건.

6. 화조도花鳥圖
꽃과 새를 그린 그림.

7. 도솔가兜率歌
신라 경덕왕 때 두 개의 해가 뜨는 괴변이 일어나자 월명사가 지어 불렀다는 향가.

종계변무

조선 시대 태조 이성계의 잘못된 족보 기록을 고쳐달라고 중국에 195년간이나 부탁한 사건이다. 종계변무의 '종계'는 '왕가의 족보', '변무'는 '사리를 따져 억울함을 밝힘'이란 뜻이다.

고려 때인 1390년 이성계의 정적이 명나라로 도망쳐 거짓말을 했다. 공양왕과 이성계가 명나라를 치려고 준비 중이며, 이성계는 고려의 권신 이인임의 후손이라고 말한 것이다. 이 말이 그대로 명나라《태조실록》과《대명회전》에 기록되었다.

조선은 1394년 명나라 사신을 통해 이런 사실을 접하고 크게 당황했다. 혈통 족보는 왕조의 합법성과 관계된 중요한 문제였기 때문이다.

태조는 여러 차례 사신을 보내 바로잡아달라고 부탁했으나 명나라는 시큰둥한 반응을 보였다. 그들로서는 급한 일이 아닌 데다 조선을 길들이려는 속셈도 있었기 때문이다.

1587년에야 이 문제가 해결됐는데, 통역관 홍순언의 숨은 역할이 컸다. 통역관으로 중국을 드나들던 홍순언이 안타까운 사정으로 기생이 된 여인을 구해준 일이 있었는데, 훗날 그 여인이 명나라 고위 관리의 첩이 되어 일이 해결되도록 힘을 써줬다.

무오사화

연산군 때인 1498년 유자광, 이극돈 등 훈구파가 사림파 사대부를 제거한 사건을 말한다.

성종 때 중용된 사림파는 3사三司(사간원, 사헌부, 홍문관)에 진출해 언론과 문필을 담당하면서 유자광, 이극돈 등 집권 세력을 비판했다. 유자광은 남이 장군을 모함해 죽음에 이르게 한 인물이고, 이극돈은 정희왕후 국상 중에 기생과 어울려 물의를 일으킨 인물이다. 성종 재임 때는 사림파에게 별일이 없었지만, 연산군이 등극하면서 상황이 달라졌다. 훈구파 이극돈이 실록청 당상관으로 사초를 정리하다가, 김일손이 자신의 비행을 기록했으며 김종직(사림파 시조)의 〈조의제문〉이 세조의 즉위를 비방한 내용임을 알고는 반격에 나섰다. 이극돈은 유자광에게 이런 사실을 알렸고, 유자광은 연산군에게 김종직과 김일손이 대역부도大逆不道를 꾀했다고 보고했다.

사림파를 달가워하지 않던 연산군은 김종직과 그의 문인들을 대역 죄인으로 규정해 처형하거나 유배 보냈다.

016

출발 ➡

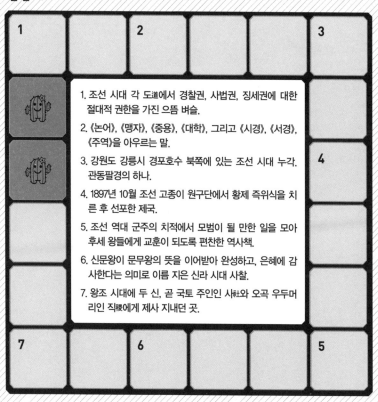

1		2			3
					4
7		6			5

1. 조선 시대 각 도道에서 경찰권, 사법권, 징세권에 대한 절대적 권한을 가진 으뜸 벼슬.

2. 《논어》, 《맹자》, 《중용》, 《대학》, 그리고 《시경》, 《서경》, 《주역》을 아우르는 말.

3. 강원도 강릉시 경포호수 북쪽에 있는 조선 시대 누각. 관동팔경의 하나.

4. 1897년 10월 조선 고종이 원구단에서 황제 즉위식을 치른 후 선포한 제국.

5. 조선 역대 군주의 치적에서 모범이 될 만한 일을 모아 후세 왕들에게 교훈이 되도록 편찬한 역사책.

6. 신문왕이 문무왕의 뜻을 이어받아 완성하고, 은혜에 감사한다는 의미로 이름 지은 신라 시대 사찰.

7. 왕조 시대에 두 신, 곧 국토 주인인 사社와 오곡 우두머리인 직稷에게 제사 지내던 곳.

첫 글자 힌트 1. 관 3. 경 5. 국

016 정답

출발 ➡

관	찰	사	서	삼	경
					포
					대
단					한
직					제
사	은	감	보	조	국

1. 관찰사觀察使
조선 시대 각 도道에서 경찰권, 사법권, 징세권에 대한 절대적 권한을 가진 으뜸 벼슬.

2. 사서삼경四書三經
《논어》, 《맹자》, 《중용》, 《대학》, 그리고 《시경》, 《서경》, 《주역》을 아우르는 말.

3. 경포대鏡浦臺
강원도 강릉시 경포호수 북쪽에 있는 조선 시대 누각. 관동팔경의 하나.

4. 대한제국大韓帝國(1897~1910)
1897년 10월 조선 고종이 원구단에서 황제 즉위식을 치른 후 선포한 제국.

5. 국조보감國朝寶鑑
조선 역대 군주의 치적에서 모범이 될 만한 일을 모아 후세 왕들에게 교훈이 되도록 편찬한 역사책.

6. 감은사感恩寺
신문왕이 문무왕의 뜻을 이어받아 완성하고 은혜에 감사한다는 의미로 이름 지은 신라 시대 사찰.

7. 사직단社稷壇
왕조 시대에 두 신, 곧 국토 주인인 사社와 오곡 우두머리인 직稷에게 제사 지내던 곳.

관찰사

'평양 감사도 저 싫으면 그만'이라는 말이 있다. 아무리 좋은 일이라도 당사자 마음이 내키지 않으면 억지로 시킬 수 없음을 비유할 때 쓰는 말이다. 그런데 이 말은 와전됐으니, 우선 감사부터 살펴보자.

감사監司의 정식 명칭은 '관찰사'이다. 지방 수령이 일을 잘하는지 살펴서 중앙정부에 보고하는 일이 임무인 종2품 문관직이다. 조선 시대에 각 도道마다 한 명씩 두었으며 감사, 도백道伯, 방백方伯, 외헌外憲 등 여러 별칭으로도 불렸다. 관찰사는 도의 행정을 책임지는 장관의 임무도 부여받았고, 그 지역 군사에 대한 통솔권도 지녔다. 한마디로 특정 도에서 절대적 힘을 지닌 권력자였다.

경기 감사, 충청 감사, 경상 감사, 전라 감사, 평안 감사, 황해 감사, 강원 감사, 함경 감사 중에서 평안 감사가 특히 부러움의 대상이었다. 평안도 감사가 머무는 감영이 평양에 있었는데, 평양은 음식 맛이 좋고 아름다운 여인도 많았던 까닭이다. 당시 감사는 관기官妓(관청에 소속된 기생)를 품에 안을 수

77

도 있었다. 그래서 남자들 눈에는 평양에 머무는 평안 감사가 매우 좋은 자리로 보였던 것이다.

'평안 감사'가 바른 말이지만, 일반인들은 '평안 감사가 머무는 평양'이란 의미에서 '평양 감사'라고 말하곤 했고, '평안 감사도 저 싫으면 그만'이란 속담이 '평양 감사도 저 싫으면 그만'으로 바뀌어 쓰이는 경우가 많다.

대한제국

고종은 1897년 10월 12일 문무백관을 거느리고 원구단圓丘壇으로 나아가 황제 즉위식을 거행했다. 이와 동시에 황제와 정부는 국호를 '조선'에서 '대한제국大韓帝國'으로 고쳐 나라 안팎에 선포했다.

아울러 고종은 대한국새大韓國璽, 황제지보皇帝之寶, 대원수보大元帥寶 등 옥새玉璽 여덟 개를 새로 주조해 사용하면서 여기에도 황제의 상징성을 부여했다. 조선 시대 옥새의 뉴紐(손잡이)는 거북이었으나, 고종은 중국에 대한 사대 관계에서 벗어났음을 밝히고 우리 민족이 하늘이 내린 천손天孫 민족임을 나타내기 위해 뉴를 용龍으로 만들었다.

017

출발 ➡

| 1 | | | 2 | | 3 |

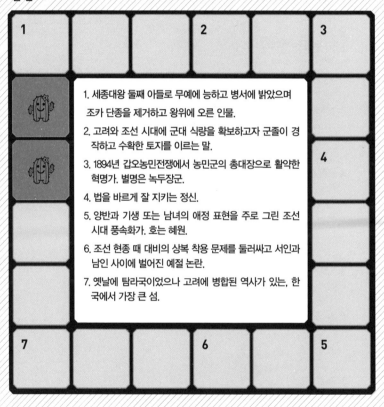

1. 세종대왕 둘째 아들로 무예에 능하고 병서에 밝았으며 조카 단종을 제거하고 왕위에 오른 인물.
2. 고려와 조선 시대에 군대 식량을 확보하고자 군졸이 경작하고 수확한 토지를 이르는 말.
3. 1894년 갑오농민전쟁에서 농민군의 총대장으로 활약한 혁명가. 별명은 녹두장군.
4. 법을 바르게 잘 지키는 정신.
5. 양반과 기생 또는 남녀의 애정 표현을 주로 그린 조선 시대 풍속화가. 호는 혜원.
6. 조선 현종 때 대비의 상복 착용 문제를 둘러싸고 서인과 남인 사이에 벌어진 예절 논란.
7. 옛날에 탐라국이었으나 고려에 병합된 역사가 있는, 한국에서 가장 큰 섬.

| 7 | | | 6 | | 5 |

첫 글자 힌트 1. 수 3. 전 5. 신

79

017 정답

출발 ➡

수	양	대	군	둔	전
					봉
					준
도					법
주					정
제	문	상	복	윤	신

1. 수양대군首陽大君(훗날 세조, 재위 1455~1468)
세종대왕의 둘째 아들로 무예에 능하고 병서에 밝았던 인물. 조카 단종을 제거하고 왕위(세조)에 올랐다.

2. 군둔전軍屯田
고려와 조선 시대에 군대 식량을 확보하고자 군졸이 경작하고 수확한 토지를 이르는 말.

3. 전봉준全琫準(1855~1895)
1894년 갑오농민전쟁에서 농민군의 총대장으로 활약한 혁명가. 별명은 녹두장군.

4. 준법정신遵法精神
법을 바르게 잘 지키는 정신.

5. 신윤복申潤福(1758 ~ ?)
양반과 기생 또는 남녀의 애정 표현을 주로 그린 조선 시대 풍속화가. 호는 혜원.

6. 복상服喪**문제**
조선 현종 때 대비의 상복 착용 문제를 둘러싸고 서인과 남인 사이에 벌어진 예절 논란.

7. 제주도濟州道
옛날에 탐라국이었으나 고려에 병합된 역사가 있는, 한국에서 가장 큰 섬.

수양대군

세종의 둘째 아들이며, 세종을 도와 정치에 적극 참여했다. 세종의 뒤를 이어 즉위한 문종이 2년 3개월 만에 승하하고 열두 살의 어린 단종이 즉위하자, 수양대군은 권력에 대한 욕심을 드러냈다. 황보인, 김종서 등 의정부 대신들이 주도해 나랏일을 처리하는 데 반발한 수양대군은 1453년 여러 대신들을 죽이고 반대파를 숙청함으로써 정권을 장악했다. 계유년에 일어난 이 사건을 계유정난癸酉靖難이라고 한다. 수양대군이 영의정부사, 이조판서, 병조판서 등을 겸임하자 단종은 스스로 왕위를 수양대군에게 물려주었다. 수양대군은 1455년 조선 제7대 왕(세조)으로 등극했다.

전봉준

전봉준은 어려서부터 담력과 재기가 넘치고 기상이 활달했으며, 아버지가 고부 군수 조병갑의 학정에 저항하다가 모진 곤장을 맞고 한 달 만에 죽자 사회 개혁의 뜻을 품었다.

　전봉준은 농민들을 이끌고 봉기한 후 각지에 격문을 돌려

총궐기하자고 호소했고, 이후 관군을 압도하며 승승장구했다. 하지만 배반자의 밀고로 11월 순창에서 붙잡혀 서울로 압송되었고, 이듬해 처형당했다. 전봉준은 갑오개혁 이후 마련된 사형 제도에 따라 참수형이 아닌 교수형을 당했다.

복상문제

1659년 효종이 승하하고 현종이 왕위를 이었을 때 자의대비(효종의 계모)의 복상(상복을 입는 일) 기간을 둘러싸고 문신들 사이에 논쟁이 일어났다. 조선 왕가는 성종 초기까지《주자가례》를 따르다가 성종 대에 제정한《국조오례의》를 새로운 기준으로 정했다. 그런데《국조오례의》에는 효종처럼 차남으로서 왕위에 올랐다 붕어한 경우 그 어머니가 어떤 상복을 입어야 하는지에 관한 규정이 없었다.

서인의 중심인물 송시열은 효종이 적장자(정비의 몸에서 난 맏아들)가 아닌 점을 들어 왕과 사대부에게 동일한 기준인 1년설을 주장한 반면, 남인을 대표하는 허목은 왕에게는 사대부와 다른 기준을 적용해야 한다며 3년설을 주장했다.

이 격렬한 대립을 '예절에 관한 송사'라는 뜻에서 예송禮訟 또는 예송 논쟁이라고 하며, '상복 입는 일이 문제가 된 논쟁' 이란 뜻에서 복상문제라고도 한다.

018

출발 ➡

| 1 | | | 2 | | 3 |

1. 고려 승려 일연이 1285년에 지은 고구려·백제·신라에 관한 역사책. 가장 오래된 현존 역사서.

2. 임진왜란 때 승병을 이끌었고, 종전 후 일본과 협상해 많은 포로를 구한 승려 유정惟政의 당호.

3. 흥선대원군 집권기 때 정부 재정을 충당하고자 발행한 고액 화폐. '1당 100의 화폐'란 뜻.

4. 주인공이 기묘한 도술을 부려 선행을 베풀거나 부패 관리를 혼내주는 내용의 조선 시대 고전소설.

5. 물건을 담보로 잡고 돈을 빌려주는 곳.

6. 조선 시대 포도청(한성부와 경기도의 치안과 방범을 관장한 관청)의 으뜸 벼슬.

7. 술과 여자를 몹시 좋아하고 얽매이기를 싫어해 궁궐에서 세 번이나 도망쳤다는 일화를 남긴, 조선 시대 천재 화가. 호는 오원吾園.

| 7 | | | 6 | | 5 |

첫 글자 힌트 1. 삼 3. 당 5. 전

018 정답

출발 ➡

삼	국	유	사	명	당
					백
					전
업					우
승					치
장	대	도	포	당	전

1. 삼국유사三國遺事

고려 승려 일연이 1285년에 지은 고구려 · 백제 · 신라에 관한 역사책. 가장 오래된 현존 역사서.

2. 사명당四溟堂(1544~1610)

임진왜란 때 승병을 이끌었고, 종전 후 일본과 협상해 많은 포로를 구한 승려 유정의 당호.

3. 당백전當百錢

흥선대원군 집권기 때 정부 재정을 충당하고자 발행한 고액 화폐. '1당 100의 화폐'란 뜻이다.

4. 전우치전田禹治傳

주인공이 기묘한 도술을 부려 선행을 베풀거나 부패 관리를 혼내주는 내용의 조선 시대 고전소설.

5. 전당포典當鋪

물건을 담보로 잡고 돈을 빌려주는 곳.

6. 포도대장捕盜大將

조선 시대 포도청(한성부와 경기도의 치안과 방범을 관장한 관청)의 으뜸 벼슬.

7. 장승업張承業(1843~1897)

술과 여자를 몹시 좋아하고 얽매이기를 싫어해 궁궐에서 세 번이나 도망쳤다는 일화를 남긴, 조선 시대 천재 화가. 호는 오원吾園.

이야기로 배우는 한국사

삼국유사

고려 때인 1285년 승려 일연이 편찬한 역사책이다. 일연은 고조선에서부터 고구려·백제·신라, 가락국과 후삼국에 이르기까지 전해오는 이야기들을 문자로 기록했다.

《삼국유사》는 단군신화를 담은 최초의 책이며, 《제왕운기》 이외에는 단군신화에 대한 기록이 없는 까닭에 대단히 중요한 책으로 평가받고 있다. 또한 이두吏讀로 쓰인 향가 14수를 기록해 국문학적으로도 가치가 매우 높다. 향가는 《균여전》에만 11수가 기록되어 있을 뿐 다른 문헌에서는 전혀 찾아볼 수 없기에, 향가 연구에서 《삼국유사》는 각별한 책이다.

사명당

조선 중기의 승려로 법명은 유정惟政이고 당호는 사명당四溟堂이다. 임진왜란이 일어나자 스승 휴정과 함께 승병을 이끌면서 많은 전공을 세웠다. 1594년 가토 기요마사가 있는 울산 진중을 방문해 일본군 동정을 살피기도 했다. 이때 가토가 "조선의 보배가 무엇인가" 하고 묻자, 유정은 "지금 조선에서는 당신 머리를 보배로 생각한다"라고 말했다. 가토는 크게 감탄했으며, 이 대화는 일본에 널리 퍼졌다.

전쟁이 끝나고 1604년, 국서를 지니고 일본으로 간 유정은 도쿠가와 이에야스를 만나 강화를 맺고 포로 3,500명과 함께 귀국했다. 종전 후에도 눈부신 활약을 펼쳐 존경을 받았기에 '사명대사'라고도 불린다.

당백전

홍선대원군은 집권 후 왕실의 권위를 높이고자 1865년 경복궁 중건 계획을 발표했다. 그런데 건설 자금이 문제였다. 외세 침입에 대비하기 위한 군사비도 많이 필요한 시기였으므로 대원군은 동전을 대량으로 주조해 유통시켰다.

그래도 비용이 부족하자 1866년에 당백전이라는 고액권을 발행했다. 문자 그대로 '100배의 가치를 지닌 돈'이라는 뜻이지만, 주로 사용되던 상평통보에 비해 재료 가치는 다섯 배 정도에 지나지 않았다. 발행 반년 만에 당백전 주조가 중단되고 유통도 금지됐으나, 당백전은 물가를 급등시키고 화폐제도를 어지럽게 만드는 결정적 계기가 되었다.

019

출발 ➡

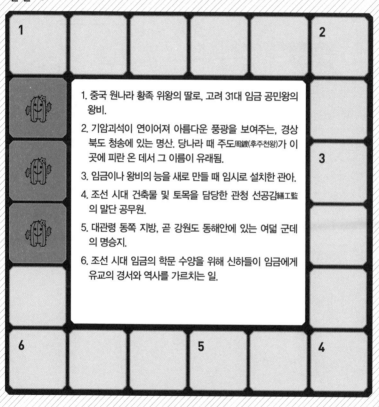

1					2
🌵					
🌵					3
🌵					
6			5		4

1. 중국 원나라 황족 위왕의 딸로, 고려 31대 임금 공민왕의 왕비.

2. 기암괴석이 연이어져 아름다운 풍광을 보여주는, 경상 북도 청송에 있는 명산. 당나라 때 주도周鐐(후주천왕)가 이 곳에 피란 온 데서 그 이름이 유래됨.

3. 임금이나 왕비의 능을 새로 만들 때 임시로 설치한 관아.

4. 조선 시대 건축물 및 토목을 담당한 관청 선공감繕工監 의 말단 공무원.

5. 대관령 동쪽 지방, 곧 강원도 동해안에 있는 여덟 군데 의 명승지.

6. 조선 시대 임금의 학문 수양을 위해 신하들이 임금에게 유교의 경서와 역사를 가르치는 일.

첫 글자 힌트 1. 노 2. 주 4. 감

87

019 정답

1. 노국대장공주魯國大長公主(?~1365)
중국 원나라 황족 위왕의 딸로, 고려 31대 왕인 공민왕의 왕비.

2. 주왕산周王山
기암괴석이 연이어져 아름다운 풍광을 보여주는, 경상북도 청송에 있는 명산. 당
나라 때 주도(후주천왕)가 이곳에 피란 온 데서 그 이름이 유래되었다.

3. 산릉도감山陵都監
임금이나 왕비의 능을 새로 만들 때 임시로 설치한 관아.

4. 감역관監役官
조선 시대 건축물 및 토목을 담당한 관청 선공감의 말단 공무원.

5. 관동팔경關東八景
대관령 동쪽 지방, 곧 강원도 동해안에 있는 여덟 군데의 명승지.

6. 경연經筵
조선시대 임금의 학문 수양을 위해 신하들이 임금에게 유교의 경서와 역사를 가
르치는 일.

노국대장공주

원나라 황족皇族 위왕魏王의 딸이며, 이름은 보탑실리寶塔實里이다. 노국대장공주는 공민왕이 내린 시호이다. 1349년 공민왕이 대군으로서 원나라에 있을 때 결혼해 승의공주承懿公主로 책봉되었다. 공민왕이 보위에 오르자 함께 귀국했다.

원나라 공주와 원치 않는 정략결혼을 한 다른 고려 국왕들과 달리 공민왕 부부는 금슬이 좋았다. 둘은 뜨겁게 사랑했고 서로를 위해주었다. 공민왕 반대파들이 공민왕을 살해하려 했을 때 공주가 방문 앞을 막아서서 구한 일도 있었다. 공주는 공민왕이 고려의 자주독립을 꿈꾸며 원나라의 뜻을 거스르는 반원 정책을 펼 때도 적극 후원해주었다.

공민왕은 공주를 매우 사랑해 1365년 2월 공주가 만삭이 되자 죄수를 풀어주며 순산을 기원했다. 공주가 힘들게 출산하고 병이 깊어지자 공민왕은 다시 대사면령(많은 죄수의 형벌을 면제해준다는 명령)을 내려 공주의 쾌유를 빌었다. 하지만 불행히도 공주는 출산 후유증으로 세상을 떠났고, 공민왕은 큰 충격을 받아 그때부터 나랏일을 제대로 돌보지 않았다.

경연

국왕에게 유학儒學의 경서經書와 사서史書를 설명하는 일, 또는 그런 자리를 이르는 말이다. 유교 학자들이 왕에게 유교에서 추구하는 덕치德治를 설명하는 것이 목적이었으며, 한편으로는 왕의 독재를 견제하려는 의도도 있었다. 우리나라는 고려 예종 때 처음 경연을 도입했으나 그리 활발하지 못했고, 그나마 무신정권 때 폐지되었다.

경연은 조선 건국과 더불어 본격화되었다. 태조는 숭유崇儒(유교를 숭상함) 정책을 강조하고자 경연청을 설치해 틀을 갖췄고, 세종은 즉위 후 20년 동안 꾸준히 경연에 참석했다. 세종은 집현전을 두어 경연을 전담하는 학자들을 양성함으로써 경연 강의의 수준을 높였으며 한글 창제에도 활용했다. 성종도 재위 25년 동안 날마다 경연에 참석해 공부하면서 대신들과 여러 나랏일을 의논하곤 했다.

19세기 들어 왕권이 약해지면서 경연의 기능도 더불어 약화됐으며, 고종 때까지 존속하다가 없어졌다.

출발 ➡

| 1 | | 2 | | | 3 |

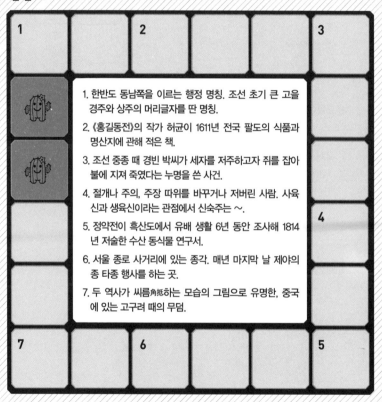

1. 한반도 동남쪽을 이르는 행정 명칭. 조선 초기 큰 고을 경주와 상주의 머리글자를 딴 명칭.

2. 《홍길동전》의 작가 허균이 1611년 전국 팔도의 식품과 명산지에 관해 적은 책.

3. 조선 중종 때 경빈 박씨가 세자를 저주하고자 쥐를 잡아 불에 지져 죽였다는 누명을 쓴 사건.

4. 절개나 주의, 주장 따위를 바꾸거나 저버린 사람. 사육신과 생육신이라는 관점에서 신숙주는 ～.

5. 정약전이 흑산도에서 유배 생활 6년 동안 조사해 1814년 저술한 수산 동식물 연구서.

6. 서울 종로 사거리에 있는 종각. 매년 마지막 날 제야의 종 타종 행사를 하는 곳.

7. 두 역사가 씨름角抵하는 모습의 그림으로 유명한, 중국에 있는 고구려 때의 무덤.

| 7 | | 6 | | | 5 |

첫 글자 힌트 1. 경 3. 작 5. 자

020 정답

1. 경상도慶尙道
한반도 동남쪽을 이르는 행정 명칭. 조선 초기 큰 고을 경주와 상주의 머리글자를 딴 명칭.

2. 도문대작屠門大嚼
《홍길동전》의 작가 허균이 1611년 전국 팔도의 식품과 명산지에 관해 적은 책.

3. 작서灼鼠**의 변**變
조선 중종 때 경빈 박씨가 세자를 저주하고자 쥐를 잡아 불에 지져 죽였다는 누명을 쓴 사건.

4. 변절자變節者
절개나 주의, 주장 따위를 바꾸거나 저버린 사람.

5. 자산어보玆山魚譜
정약전이 흑산도에서 유배 생활 6년 동안 조사해 1814년 저술한 수산 동식물 연구서.

6. 보신각普信閣
서울 종로 사거리에 있는 종각. 매년 마지막 날 제야의 종 타종 행사를 하는 곳.

7. 각저총角抵塚
두 역사가 씨름하는 모습의 그림으로 유명한. 중국에 있는 고구려 때의 무덤.

도문대작

조선 중기의 학자 허균이 1611년 우리나라 전역의 명물 토산
품과 별미를 소개한 책이다. '도문대작屠門大嚼'이란 푸줏간
(정육점) 앞을 지나면서 크게 입맛을 다신다는 뜻으로, 117종
에 이르는 식품의 명칭과 재배 유래 및 모양과 맛 등을 기록
했다. 또한 각 식품에 관한 음식 관습과 향토 별미 문화도 소
개했다. 따라서 《도문대작》은 우리나라 최초의 음식 비평서
라고 말할 수 있다.

작서의 변

조선 중종 때 장경왕후 윤씨가 세자(뒷날의 인종)를 낳고 산
후병으로 세상을 뜨자, 왕의 총애를 받던 경빈 박씨는 자기가
낳은 복성군을 세자로 책봉하겠다는 야망을 품었다.

그런데 1527년 2월 29일 세자의 생일에 동궁(세자의 처소)
북쪽 뜰에 있는 은행나무에서 끔찍한 물체가 발견되었다. 누
군가 쥐를 잡아다가 꼬리와 사지를 자르고 눈과 귀와 입을 불
로 지져서 나무에 매달아두었던 것이다. 이는 쥐를 돼지 형상

으로 만들어서 돼지띠인 세자를 저주하기 위함으로 보였다. 게다가 세자의 생년월일과 세자를 저주하는 내용의 방서(여러 사람이 보게 하기 위해 내거는 글)까지 발견되었다.

국왕이나 세자를 저주하는 일은 반역죄였기에 분노한 중종은 범인을 당장 잡아내라고 명했다. 평소 세자 자리를 탐내던 경빈에게 의심의 눈길이 쏠렸고, 그런 분위기를 타고 김안로가 왕에게 '복성군을 세자로 책봉하려는 경빈의 짓'이라고 말했다. 경빈은 아니라고 극구 부인했으며 죄가 인정될 만한 명백한 증거도 없었다. 그렇지만 중종은 경빈과 복성군에게 사약을 내렸다. 또한 경빈 편이었던 좌의정 심정에게도 사약을 내렸으며, 경빈의 사위는 곤장을 맞다가 죽었다.

하지만 이 사건을 10여 년이 지난 1541년 김안로의 아들 김희가 조작한 일이었다는 사실이 뒤늦게 밝혀졌다. 이로써 경빈과 복성군은 누명을 벗었지만 이미 억울하게 죽은 뒤라 큰 의미는 없었다.

보신각

조선시대 한양에서는 종을 쳐서 하루의 시작과 끝을 알렸다. 그런 목적으로 큰 종을 달아준 누각을 종각鐘閣 또는 종루鐘樓라고 했다. 종각의 위치는 몇 차례 변화가 있기는 했으나 대부분 통운교(지금의 종로 네거리)에 두었다.

종각은 임진왜란 때 파괴되었고 전쟁이 끝난 다음 다시 만들어졌다. 그 뒤에도 네 차례나 화재를 겪었으며 그때마다 중건되었다. 고종 때인 1895년 새로운 종을 주조하면서 종각에 '보신각'이란 편액을 내걸었고, 종도 '보신각종'이라고 부르게 되었다.

보신각 편액 글씨는 고종이 직접 썼으나 한국전쟁 때 소실되었고, 1953년 당시 대통령인 이승만이 다시 썼다. 오늘날 보신각에서 해마다 12월 31일 자정에 종을 33번 치는 새해맞이 행사를 치르고 있다.

생생한 한국사
두 번째 마당

021~040

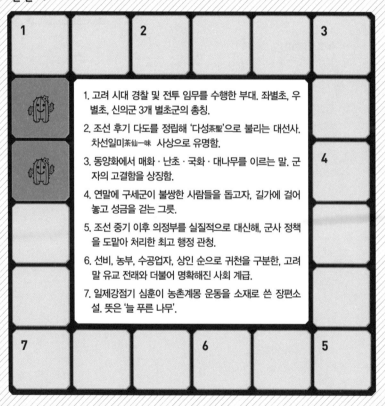

출발 ➡

| 1 | | 2 | | | 3 |

1. 고려 시대 경찰 및 전투 임무를 수행한 부대. 좌별초, 우별초, 신의군 3개 별초군의 총칭.

2. 조선 후기 다도를 정립해 '다성茶聖'으로 불리는 대선사. 차선일미茶仙一味 사상으로 유명함.

3. 동양화에서 매화 · 난초 · 국화 · 대나무를 이르는 말. 군자의 고결함을 상징함.

4. 연말에 구세군이 불쌍한 사람들을 돕고자, 길가에 걸어놓고 성금을 걷는 그릇.

5. 조선 중기 이후 의정부를 실질적으로 대신해, 군사 정책을 도맡아 처리한 최고 행정 관청.

6. 선비, 농부, 수공업자, 상인 순으로 귀천을 구분한, 고려 말 유교 전래와 더불어 명확해진 사회 계급.

7. 일제강점기 심훈이 농촌계몽 운동을 소재로 쓴 장편소설. 뜻은 '늘 푸른 나무'.

| 7 | | | 6 | | 5 |

첫 글자 힌트 1. 삼 3. 사 5. 비

021 정답

삼	별	초	의	선	사
					군
					자
수					선
록					냄
상	공	농	사	변	비

1. 삼별초三別抄
고려 시대 경찰 및 전투 임무를 수행한 부대. 좌별초, 우별초, 신의군 3개 별초군의 총칭.

2. 초의선사草衣禪師(1786~1866)
조선 후기 다도를 정립해 '다성'으로 불리는 대선사. 법명은 의순意恂.

3. 사군자四君子
동양화에서 매화 · 난초 · 국화 · 대나무를 이르는 말. 군자의 고결함을 상징한다.

4. 자선냄비
연말에 구세군이 불쌍한 사람들을 돕고자, 길가에 걸어놓고 성금을 걷는 그릇.

5. 비변사備邊司
조선 중기 이후 의정부를 실질적으로 대신해, 군사 정책을 도맡아 처리한 최고 행정 관청.

6. 사농공상士農工商
선비, 농부, 수공업자, 상인 순으로 귀천을 구분한, 고려 말 유교 전래와 더불어 명확해진 사회 계급.

7. 상록수常綠樹
일제강점기 심훈이 농촌계몽 운동을 소재로 쓴 장편소설. 뜻은 '늘 푸른 나무'.

삼별초

고려 고종 때 무신정권의 실력자 최우崔瑀가 도적을 잡기 위해 용맹한 자를 뽑아 야별초夜別抄를 설치했다. 여기서 '별초'는 필요할 때마다 선발해 조직한 임시 부대를 일컫는 말이다.

야별초의 군사가 많아지자 좌·우별초로 나누었고, 몽골의 고려 침입 때 몽골로 잡혀갔다가 탈출해 온 군사들을 모아 신의군神義軍이라는 부대를 창설했다. 그리고 좌별초, 우별초, 신의군을 합해 '삼별초'라고 했다.

삼별초는 도둑을 잡는 경찰 임무 이외에 도성都城을 수비하는 친위대의 임무도 맡았다. 또한 1232년 고려 정부가 몽골 침입에 항전하고자 강화로 천도했을 때 몽골군에 가장 강력히 맞서 이름을 드높였다.

그러나 삼별초는 고려 정부가 몽골에 항복하자 이에 반발해 반란을 일으켰다. 독자적으로 정부를 세우고 몽골에 대항했으나 3년이 지나 고려–몽골 연합군의 공격을 받아 결국 해체되었다.

비변사

조선 초기의 정치체제는 국왕을 중심으로 의정부議政府, 육조六曹, 삼사三司(홍문관, 사헌부, 사간원)가 분담해서 일을 처리하는 구조였다. 의정부가 정치적 결정을 내리면, 육조가 행정 실무를 집행하고, 삼사가 그에 대해 감시와 견제를 했다.

그런데 임진왜란이 일어나면서 상황이 달라졌다. 1510년 삼포왜란을 계기로 신설됐던 임시 기구 비변사가 전쟁 수행을 위한 최고 기관으로 활용되면서 그 기능이 확대 및 강화된 것이다. 쉽게 말해 의정부와 병조의 기능까지 비변사에게 맡겨졌고, 비변사가 점점 국정 전반을 관장하기에 이르렀다.

비변사는 전쟁이 끝난 뒤에도 최고 정책 결정 기구의 역할을 했으며, 이에 따라 의정부는 유명무실한 존재가 되었다. 요컨대 비변사는 조선 중기 이후 국정 전반을 총괄한 실질적인 최고 관청이었다.

022

출발 ➡

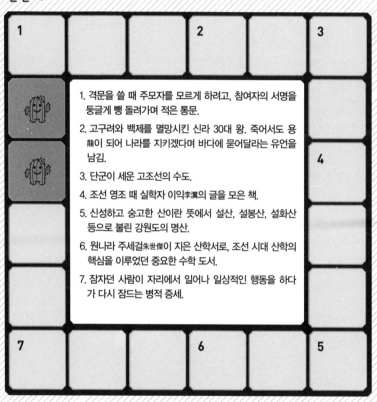

1			2		3

1. 격문을 쓸 때 주모자를 모르게 하려고, 참여자의 서명을 둥글게 삥 돌려가며 적은 통문.

2. 고구려와 백제를 멸망시킨 신라 30대 왕. 죽어서도 용龍이 되어 나라를 지키겠다며 바다에 묻어달라는 유언을 남김.

3. 단군이 세운 고조선의 수도.

4. 조선 영조 때 실학자 이익李瀷의 글을 모은 책.

5. 신성하고 숭고한 산이란 뜻에서 설산, 설봉산, 설화산 등으로 불린 강원도의 명산.

6. 원나라 주세걸朱世傑이 지은 산학서로, 조선 시대 산학의 핵심을 이루었던 중요한 수학 도서.

7. 잠자던 사람이 자리에서 일어나 일상적인 행동을 하다가 다시 잠드는 병적 증세.

7			6		5

첫 글자 힌트 1. 사 3. 왕 5. 설

022 정답

출발 ➡

사	발	통	문	무	왕
					검
					성
병					호
유					사
몽	계	학	산	악	설

1. 사발통문沙鉢通文
격문을 쓸 때 주모자를 모르게 하려고, 참여자의 서명을 둥글게 삥 돌려가며 적은 통문.

2. 문무왕文武王(재위661~681)
고구려와 백제를 멸망시킨 신라 30대 왕. 죽어서도 용이 되어 나라를 지키겠다며 바다에 묻어달라는 유언을 남겼다.

3. 왕검성王儉城
단군이 세운 고조선의 수도.

4. 성호사설星湖僿說
조선 영조 때 실학자 이익의 글을 모은 책.

5. 설악산雪嶽山
신성하고 숭고한 산이란 뜻에서 설산, 설봉산, 설화산 등으로 불린 강원도의 명산.

6. 산학계몽算學啓蒙
원나라 주세걸이 지은 산학서로, 조선 시대 산학의 핵심을 이루었던 중요한 수학 도서.

7. 몽유병夢遊病
잠자던 사람이 자리에서 일어나 일상적인 행동을 하다가 다시 잠드는 병적 증세.

사발통문

조선 고종 때인 1893년 11월, 전봉준 접주(동학의 교단 조직인 접의 책임자)를 비롯한 동학의 우두머리 20여 명이 모여 거사를 계획하고 그 주요 내용을 작성한 뒤 모두 서명했다.

이때 서명하는 방법이 특이했다. 일반적으로 비중이 높은 사람부터 차례로 서명하는 데 비해, 이 문서에는 둥그렇게 돌아가며 참가자들이 서명을 한 것이다. 혹여 발각될 경우 주모자가 누구인지 알 수 없게 하기 위함이었다. 둥근 모양이 사발 같기에 '사발통문'이란 이름이 붙었는데, '통문'은 여럿이 돌려가며 보는 알림 글을 이르는 말이다.

이때 작성된 사발통문에는 고부성古阜城 점령, 조병갑趙秉甲 처형, 무기고 점령, 탐관오리 처단, 한양 진격 등의 내용이 적혀 있었으며, 각 마을의 집강(동학의 교직)에게 보내졌다. 이후 동학군의 소식을 전하는 유용한 통신수단으로 쓰였다. 그러자 조선 정부는 사발통문을 돌리면 역모로 여기고 처벌했다.

왕검성

'왕검'은 고조선 시대 정치적 통치자를 가리키는 말이고, '왕검성'은 최고 통치자가 머무는 성을 뜻한다. 그런데 왕검성의 위치에 대해서는 논란이 많은데, 크게 평양과 요동 두 지역으로 의견이 갈린다. 요동 지방에 있다가 평양으로 옮겨졌다고도 하고, 애초부터 평양에 있었다는 설도 있다.

성호사설

조선 후기의 실학자 성호 이익의 글을 모아 엮은 책이다. '성호'는 이익의 호이고, '사설'은 잘게 부순 글이란 뜻이다. 이러저러한 여러 글을 썼다는 의미이며, 겸양의 뜻이 담겨 있다.

다양한 내용이 담겼지만 단군조선, 삼한, 한사군, 예맥, 옥저, 읍루 등 우리나라 고대국가들의 지리 고증에 관한 기술이 특히 많이 실려 있다. 미루어보건대 국가 영토에 대한 관심이 지대했음을 알 수 있다. 《성호사설》은 정치, 경제, 사회, 문화, 지리, 풍속, 서학(서양 학문) 등 다방면의 기록을 담고 있기에 백과사전적 가치를 지니고 있다.

023

출발 ➡

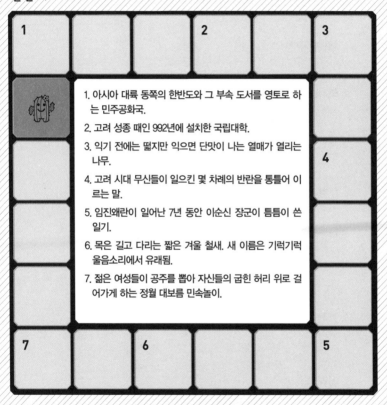

1		2		3
				4
7	6			5

1. 아시아 대륙 동쪽의 한반도와 그 부속 도서를 영토로 하는 민주공화국.
2. 고려 성종 때인 992년에 설치한 국립대학.
3. 익기 전에는 떫지만 익으면 단맛이 나는 열매가 열리는 나무.
4. 고려 시대 무신들이 일으킨 몇 차례의 반란을 통틀어 이르는 말.
5. 임진왜란이 일어난 7년 동안 이순신 장군이 틈틈이 쓴 일기.
6. 목은 길고 다리는 짧은 겨울 철새. 새 이름은 기럭기럭 울음소리에서 유래됨.
7. 젊은 여성들이 공주를 뽑아 자신들의 굽힌 허리 위로 걸어가게 하는 정월 대보름 민속놀이.

첫 글자 힌트 1. 대 3. 감 5. 난

107

023 정답

출발 ➡

대	한	민	국	자	감
					나
기					무
밟					신
와					의
기	러	기	일	중	난

1. 대한민국大韓民國
아시아 대륙 동쪽의 한반도와 그 부속 도서를 영토로 하는 민주공화국.

2. 국자감國子監
고려 성종 때인 992년에 설치한 국립대학.

3. 감나무
익기 전에는 떫지만 익으면 단 열매가 나는 나무.

4. 무신武臣의 난亂
고려 시대 무신들이 일으킨 몇 차례의 반란을 통틀어 이르는 말.

5. 난중일기亂中日記
난중일기라는 제목은 정조 16년(1792) 임진왜란 발발 200년을 맞아 이순신이 쓴 일기인 《임진일기》, 《병신일기》, 《정유일기》 등을 모아 편찬한 이들이 편의상 붙인 이름이다.

6. 기러기
조선시대에는 시물로서 9월 제사에 올리는 제수로 쓰이는가 하면, 정절의 상징으로 신랑이 신부 집에 기러기를 가지고 방문하기도 했다.

7. 기와밟기
젊은 여성들이 공주를 뽑아 자신들의 굽힌 허리 위로 걸어가게 하는 정월 대보름 민속놀이.

정답 없음

대한민국

1919년 4월 13일, 한국 독립운동 지도자들이 중국 상하이에서 대한민국임시정부 수립을 선포하고 임시 헌법을 발표했다. 1911년 신해혁명을 통해 아시아 최초로 공화국을 선포한 중국에 이어 두 번째로 우리나라가 공화국을 선포한 것이다.

한국 정부 수립에 대한 구상은 1919년 3·1운동 후 독립 투쟁의 구심점을 시급히 만들어야 한다는 생각에서 나왔다.

줄여서 '임정臨政'이라고도 부르는 대한민국임시정부는 처음에 내각책임제로 초대 의정원 의장에 이동녕을 선출하고 국무총리에 이승만, 내무총장에 안창호를 임명했다. 이후 대통령제로 바뀌었지만, 원칙적으로 행정·입법·사법의 삼권분립 민주 공화정부 형태로 1945년까지 유지되었다.

총선거를 거쳐 1948년 8월 15일 대한민국 정부가 출범했는데, 임시정부 법통을 계승하고 있음을 헌법에 명시하고 있다.

일부에서는 1948년 8월 15일을 '광복절'이 아니라 '건국절'이라 부르는데, 이는 대한민국임시정부를 역사에서 없애버리려는 반민족적 관점이라 문제가 많다. 광복절을 건국절로 바꾸려는 자들의 심산은 대한민국 역사에서 일제강점기를 지우는 동시에 친일파를 옹호했던 이승만을 국부國父로 만들려는 것이다.

무신의 난

고려 의종은 놀기 좋아했고, 무신보다 문신을 우대했다. 문신들도 무신들을 우습게 생각하며 함부로 대했다. 문신 김돈중(김부식의 아들)은 상장군 정중부의 수염을 장난삼아 촛불로 불태우기까지 했다. 정중부가 화를 내며 김돈중을 치고 욕하자, 당시 실력자였던 김부식은 크게 노해 왕께 아뢰고 정중부에게 매질을 하게 했다.

얼마 후인 1170년 8월, 의종 앞에서 수박(맨손으로 싸우는 경기)을 할 때 50세 나이의 대장군 이소응이 힘들어하자 젊은 문신 한뢰가 느닷없이 그의 뺨을 때리는 일이 일어났다.

무신들은 더 참을 수 없다고 판단해 반란을 일으켰다. 의종이 보현원에 쉬러 들어가자마자 무신들이 일제히 문신들을 살해했다. 무신을 모욕했던 한뢰는 용상으로 숨었으나 들켜 죽임을 당했고, 김돈중도 감악산으로 도망쳤다가 붙잡혀 살해되었다. 정중부는 의종을 폐해 거제도로 귀양 보냈으며, 이로써 무신정권이 시작되었다.

024

출발 ➡

1			2		3
	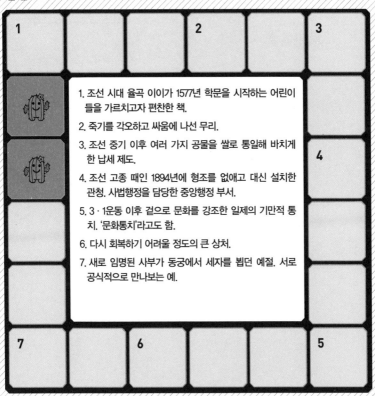				
					4
7		6			5

1. 조선 시대 율곡 이이가 1577년 학문을 시작하는 어린이들을 가르치고자 편찬한 책.
2. 죽기를 각오하고 싸움에 나선 무리.
3. 조선 중기 이후 여러 가지 공물을 쌀로 통일해 바치게 한 납세 제도.
4. 조선 고종 때인 1894년에 형조를 없애고 대신 설치한 관청. 사법행정을 담당한 중앙행정 부서.
5. 3·1운동 이후 겉으로 문화를 강조한 일제의 기만적 통치. '문화통치'라고도 함.
6. 다시 회복하기 어려울 정도의 큰 상처.
7. 새로 임명된 사부가 동궁에서 세자를 뵙던 예절. 서로 공식적으로 만나보는 예.

첫 글자 힌트 1. 격 3. 대 5. 문

111

024 정답

출발 ➡

격	몽	요	결	사	대
					동
					법
례					무
견					아
상	명	치	정	화	문

1. 격몽요결擊蒙要訣
조선 시대 율곡 이이가 1577년 학문을 시작하는 어린이들을 가르치고자 편찬한 책.

2. 결사대決死隊
죽기를 각오하고 싸움에 나선 무리.

3. 대동법大同法
조선 중기 이후 여러 가지 공물을 쌀로 통일해 바치게 한 납세 제도.

4. 법무아문法務衙門
조선 고종 때인 1894년에 형조를 없애고 대신 설치한 관청. 사법행정을 담당한 중앙행정 부서.

5. 문화정치文化政治
3·1운동 이후 일제가 겉으로 문화를 강조한 기만적인 통치. '문화통치'라고도 한다.

6. 치명상致命傷
다시 회복하기 어려울 정도의 큰 상처.

7. 상견례相見禮
새로 임명된 사부가 동궁에서 세자를 뵙던 예절. 서로 공식적으로 만나보는 예.

대동법

공물貢物(백성이 나라에 세금으로 바치던 특산물)은 조선 초기 정부의 주요한 재정수입이었다. 전국에서 거둔 공물로 관리들의 봉급을 주고 궁궐 유지 등의 여러 일에 필요한 경비로 사용했다.

그런데 공물을 거둬들이는 방식에 문제가 있었다. 각자의 소득에 비례해 세금을 부과한 것이 아니라, 국가에 필요한 경비에 맞춰 물량을 나눠 공물을 할당했기 때문이다. 어떤 고을은 공물을 바치고도 형편이 괜찮지만, 어떤 고을은 공물을 바치면 남는 게 없어 마을 사람들이 굶주리는 일이 생겼다. 어떤 고을에는 더 이상 생산되지 않는 특산물이 할당되기도 했다. 이리하여 방납防納이 성행했다. 방납은 하급 관리나 상인들이 대신 공물을 바치고 그 대가로 백성들에게서 더 많은 것을 받아내던 일을 말한다. 이로써 백성의 고통이 더 심해졌다.

임진왜란으로 이러한 공물의 폐해는 더욱 심해졌고, 공물 납부를 피해 다른 지역으로 도망가거나 여기저기 떠도는 유랑민이 늘어났다. 정부는 재정수입을 안정적으로 확보하기 위해 고심했고, 그 결과 대동법이 탄생했다.

대동법은 간단히 말해 특산품 대신 미곡(쌀)으로 세금을 내게 한 제도이다. 집마다 할당되던 과세 기준도 논밭의 면적으로 바꾸었다. 농사짓는 땅이 많으면 더 많이 내고 적으면 적게 내는 것이었으므로 비교적 합리적이었다. 또한 쌀이 부족한 지역은 포布(옷감)나 전錢(엽전)으로 대신 낼 수 있도록 융통성을 발휘했다.

대동법은 1608년 영의정 이원익의 주장에 따라 경기도부터 시험적으로 시행됐고, 강원도, 충청도, 전라도, 경상도 순으로 점차 확대되었다. 전국적으로 한꺼번에 시행되지 못한 것은 토지세를 새로 내게 된 양반 지주와 중간 이익을 취할 수 없게 된 방납인들의 반대가 심했기 때문이다.

100년에 걸쳐 전국으로 확대된 대동법 제도는 조세租稅(국가가 국민에게 강제로 거두는 세금)의 금납화(현금으로 바치는 변화)를 촉진하면서 화폐경제를 활성화했다. 유통경제도 활발해졌고, 상업과 수공업에도 활기가 생겼다. 제도 하나가 커다란 변화를 낳은 것이다.

출발 ➡

| 1 | | | 2 | | 3 |

1. 나라가 태평하고 백성의 생활이 평안함을 뜻하는 사자성어.
2. 일제강점기 때 활약한 한국인 최초의 비행사.
3. 경기도 광주에 위치한 산성. 병자호란 때 인조가 청나라 군대에 맞서다 1637년 항복한 곳.
4. 인간 심성인 성性과 우주 질서인 이理를 연구해 현실 정치에 적용하려는 학문.
5. 학이 날개를 펴듯 상대를 둥그렇게 둘러싼 진법. 이순신이 해전에서 사용해 승리한 전술.
6. 푸짐하게 잘 차린 맛있는 음식.
7. 하느님의 사랑과 은혜를 찬미하는 노래.

| 7 | | | 6 | | 5 |

첫 글자 힌트 1. 국 3. 남 5. 학

025 정답

출발 ➡

국	태	민	안	창	남
					한
					산
가					성
송					리
찬	성	수	진	익	학

1. 국태민안國泰民安
나라가 태평하고 백성의 생활이 평안함을 뜻하는 사자성어.

2. 안창남安昌男(1901~1930)
일제강점기 때 활약한 한국인 최초의 비행사.

3. 남한산성南漢山城
경기도 광주에 위치한 산성. 병자호란 때 인조가 청나라 군대에 맞서다 1637년 항복한 곳.

4. 성리학性理學
인간 심성인 성性과 우주 질서인 이理를 연구해 현실 정치에 적용하려는 학문.

5. 학익진鶴翼陣
학이 날개를 펴듯 상대를 둥그렇게 둘러싼 진법. 이순신이 해전에서 사용해 승리한 전술.

6. 진수성찬珍羞盛饌
푸짐하게 잘 차린 맛있는 음식.

7. 찬송가讚頌歌
하느님의 사랑과 은혜를 찬미하는 노래.

안창남

일찍 부모님을 여읜 안창남은 3·1운동 후 홀로 일본으로 건너갔다. 자동차학교를 거쳐 비행학교에 입학한 그는 3개월 만에 졸업하고 그 학교 교수가 되었다. 비행 재능이 남달랐던 안창남은 1922년 11월 6일 일본 제국비행협회가 주최한 도쿄-오사카 왕복 우편비행대회에 참가해 최우수상을 차지하면서 유명해졌다. 창고 속에 방치된 폐기나 다름없는 비행기를 몰고 나온 터라 더 놀라운 일이었다. 당시 최첨단 분야에서 안창남이 일본인을 능가했다는 소식은 식민지 조선인들에게 민족적 자긍심을 불어넣었다.

한 달 뒤인 그해 12월 10일 서울 여의도비행장에서 5만 인파가 모인 가운데 안창남의 고국 방문 비행 쇼가 진행됐다. 일제가 문화통치로전환을 꾀하던 즈음인지라 허락된 행사였다. 그날따라 바람이 심하게 불어 주최 측이 비행을 말렸으나, 안창남은 두 차례에 걸쳐 고난도 곡예비행을 선보여 열광적인 환호를 받았다.

안창남은 이후에도 뛰어난 비행 솜씨를 발휘했으며, 중국

산시성 군벌 휘하에서 항공 교관으로 활동했다. 그러나 안타깝게도 1930년 4월 비행기 추락으로 사망했다.

남한산성

오늘날 서울 남쪽에 있는 남한산성은 삼국시대에 처음 지어졌고, 조선 인조 때인 1626년 좀 더 튼튼하게 보완되었다. 주요 출입문 네 곳 이외에 16곳에 암문暗門을 두고, 1,897개의 성가퀴(몸을 숨겨 적을 공격할 수 있도록 성 위에 낮게 덧쌓은 담)를 쌓아 활용성을 높였다. 또한 성 안에는 우물과 샘 등을 만들어 식수를 자급할 수 있도록 했다. 이렇게 보완된 남한산성은 병자호란 때 방어 시설로 이용되었다.

1636년 4월 후금은 국호를 청淸으로 바꾸고 조선에게 형제국보다 더 낮은 신하국의 예를 갖추라고 요구했다. 조선이 거부하자, 그해 12월 청 태종은 몸소 군대를 이끌고 조선으로 쳐들어왔다. 인조는 남한산성으로 피신했지만 겨울 추위와 식량 부족으로 결국 항복했고, 1637년 1월 30일 성을 나와 삼전도에서 치욕적인 항복 의식을 치렀다. 이로써 남한산성은 잊어서는 안 될 비극의 역사를 간직한 성이 되었다.

026

출발 ➡

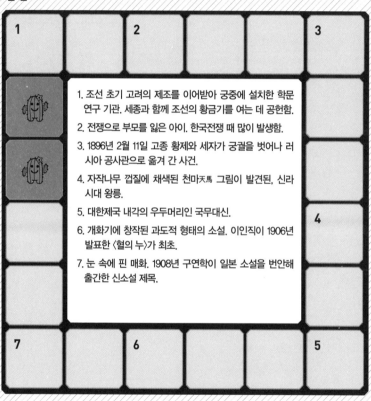

1		2			3

1. 조선 초기 고려의 제조를 이어받아 궁중에 설치한 학문 연구 기관. 세종과 함께 조선의 황금기를 여는 데 공헌함.

2. 전쟁으로 부모를 잃은 아이. 한국전쟁 때 많이 발생함.

3. 1896년 2월 11일 고종 황제와 세자가 궁궐을 벗어나 러시아 공사관으로 옮겨 간 사건.

4. 자작나무 껍질에 채색된 천마天馬 그림이 발견된, 신라 시대 왕릉.

5. 대한제국 내각의 우두머리인 국무대신.

6. 개화기에 창작된 과도적 형태의 소설. 이인직이 1906년 발표한 〈혈의 누〉가 최초.

7. 눈 속에 핀 매화. 1908년 구연학이 일본 소설을 번안해 출간한 신소설 제목.

7		6			5

첫 글자 힌트 1. 집 3. 아 5. 총

026 정답

출발 ➡

집	현	전	쟁	고	아
					관
					파
매					천
중					마
설	소	신	대	리	총

1. 집현전集賢殿
조선 초기 고려의 제도를 이어받아 궁중에 설치한 학문 연구 기관. 세종과 함께 조선의 황금기를 여는 데 공헌했다.

2. 전쟁고아
전쟁으로 부모를 잃은 아이. 한국전쟁 때 많이 발생했다.

3. 아관파천俄館播遷
1896년 2월 11일 고종 황제와 세자가 궁궐을 벗어나 러시아 공사관으로 옮겨 간 사건.

4. 천마총天馬塚
자작나무 껍질에 채색된 천마 그림이 발견된, 신라 시대 왕릉.

5. 총리대신總理大臣
대한제국 내각의 우두머리인 국무대신.

6. 신소설新小說
개화기에 창작된 과도적 형태의 소설. 우리나라 최초의 신소설은 이인직이 1906년 발표한 〈혈의 누〉이다.

7. 설중매雪中梅
눈 속에 핀 매화. 1908년 구연학이 일본 소설을 번안해 출간한 신소설 제목이기도 하다.

아관파천

을미사변(1895년 명성황후가 경복궁에서 시해당한 사건) 이후 고종은 자신도 언제 어떤 일을 당할지 모른다는 불안감에 휩싸였다. 그러자 러시아 공사와 친러파 대신들이 은밀한 제안을 했다. 러시아 공사관으로 처소를 옮기자는 파격적인 건의였다. 일본 공사가 그 사실을 눈치채고 궁궐 경비를 엄하게 했다.

1895년 11월 28일 고종이 춘생문을 통해 궁궐을 빠져나가기로 했으나 사전에 발각되어 실행하지 못했다. 일본의 감시는 더 심해졌지만, 1896년 2월 11일 고종과 왕세자는 궁녀 가마를 타고 몰래 러시아 공사관으로 이동하는 데 성공했다. 이 사건을 '아관파천'이라고 한다. '아관'은 러시아 공사관을 가리키고, '파천'은 임금이 궁궐을 떠나 피난하는 일을 뜻하는 말이다.

고종은 파천 직후 총리대신 김홍집과 농상공부대신 정병하를 참형하라고 명했다. 을미사변 이후 일본이 세운 친일 내각의 우두머리에게 가장 먼저 책임을 물은 것이었다. 이에 내부대신 유길준을 비롯한 여러 관리가 일본 군영으로 피한 후 일본으로 망명했다.

친일파 내각이 무너지고 친러파 내각이 조직되어 고종의 통치를 뒷받침했다. 이 시기에 일본의 영향력은 약해졌지만 러시아는 고종을 보호해준다는 명목으로 여러 이권을 챙겼다. 정치도 친러파 대신들과 러시아 공사가 사실상 좌지우지했다.

고종은 러시아 공사관에서 1년 동안 머물다가 1897년 2월 20일 환궁했다. 국력이 약해지고 군사력도 미약했던 나라의 서글픈 신세를 보여주는 사건이었다.

천마총

경상북도 경주에 위치한 신라 시대 무덤이다. 무덤 안에서 자작나무 껍질에 그린 천마天馬 그림이 발견됐기에 천마총이란 이름이 붙었다.

'능陵'과 '총塚'의 차이는 무엇일까? 규모와 발견된 유물로 미뤄 왕릉이 틀림없을 때 그 무덤 주인이 누구인지 알 수 있으면 능을 붙이고, 주인을 알 수 없으면 총이라 한다. 선덕여왕릉, 무열왕릉, 문무왕릉, 금관총, 황남대총, 천마총 등은 그런 기준으로 정해진 명칭이다.

027

출발 ➡

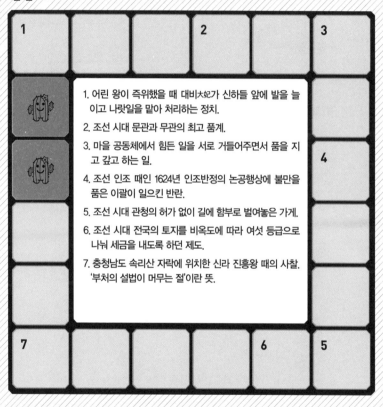

1			2		3
					4
7				6	5

1. 어린 왕이 즉위했을 때 대비大妃가 신하들 앞에 발을 늘이고 나랏일을 맡아 처리하는 정치.

2. 조선 시대 문관과 무관의 최고 품계.

3. 마을 공동체에서 힘든 일을 서로 거들어주면서 품을 지고 갚고 하는 일.

4. 조선 인조 때인 1624년 인조반정의 논공행상에 불만을 품은 이괄이 일으킨 반란.

5. 조선 시대 관청의 허가 없이 길에 함부로 벌여놓은 가게.

6. 조선 시대 전국의 토지를 비옥도에 따라 여섯 등급으로 나눠 세금을 내도록 하던 제도.

7. 충청남도 속리산 자락에 위치한 신라 진흥왕 때의 사찰. '부처의 설법이 머무는 절'이란 뜻.

첫 글자 힌트 1. 수 3. 품 5. 난

027 정답

출발 ➡

수	렴	청	정	일	품
					앗
					이
사					괄
주					의
법	등	육	분	전	난

1. 수렴청정垂簾聽政

어린 왕이 즉위했을 때 대비가 신하들 앞에 발을 늘이고 나랏일을 맡아 처리하는
정치.

2. 정일품正一品

조선 시대 문관과 무관의 최고 품계.

3. 품앗이

마을 공동체에서 힘든 일을 서로 거들어주면서 품을 지고 갚고 하는 일.

4. 이괄李适**의 난**亂

조선 인조 때인 1624년 인조반정의 논공행상에 불만을 품은 이괄이 일으킨 반란.

5. 난전亂廛

조선 시대 관청의 허가 없이 길에 함부로 벌여놓은 가게.

6. 전분육등법田分六等法

조선 시대 전국의 토지를 비옥도에 따라 여섯 등급으로 나눠 세금을 내도록 하던
제도.

7. 법주사法住寺

충청남도 속리산 자락에 위치한 신라 진흥왕 때의 사찰. '부처의 설법이 머무는
절'이란 뜻.

수렴청정

형식적 통치자를 내세우고 실질적으로는 뒤에서 조정하는 통치 행위를 이르는 말이다. 직역하면 '가리개를 드리우고 나랏일을 듣는다'는 뜻이다. 국왕이 어린 경우 대비大妃(선왕의 아내)가 대신 조정에 나가 관리들의 보고를 받았는데, 이때 여성인 대비의 얼굴이 보이지 않도록 발簾(가늘게 쪼갠 대오리로 만든 가리개)을 늘어뜨린 데서 유래된 말이다. 당시 여성이 얼굴을 가리지 않고 외간 남자를 대해서는 안 된다는 관습 때문이었다.

수렴청정은 중국이나 우리나라에서 종종 행해졌는데, 우리 역사 최초의 수렴청정 시기는 고구려 6대 태조왕 때였다. 그 5대 모본왕이 신하 두로杜魯에게 피살되고 그의 아들이 일곱 살의 어린 나이에 즉위하니 태후가 수렴청정을 했다. 조선 시대에도 임금의 나이가 어려 국가를 통치할 수 없을 때 대비가 섭정攝政을 했다. 조선 말기 순조 이후에는 대개 왕이 어려 대비나 대왕대비가 수렴청정을 했고, 이와 함께 외척들의 세도정치도 성했다.

이괄의 난

광해군은 1618년 인목대비(선조의 계비)를 폐하고 서궁西宮에 감금했다. 광해군 통치에 불만 많은 서인 계열의 사림 세력은 인목대비 유폐를 패륜으로 규정하면서 쿠데타를 모의했다.

1623년 이귀, 최명길, 김자점 등과 함경북도 병마절도사 이괄 등이 거사를 일으켰다. 그런데 반정군反正軍 총지휘자로 추대된 김유가 사전 계획 누설을 이유로 소극적으로 행동하자, 많은 군사를 이끌고 온 이괄이 이를 비난했다. 우여곡절 끝에 반정은 성공했으나 김유와 이괄의 관계는 불편했다.

인조가 즉위한 후 김유는 1등 공신으로 평가받으며 병조판서 및 대제학 자리를 차지했다. 이에 비해 서인이 아니고 무관인 이괄은 2등 공신으로 평가받아 한성판윤 벼슬을 받는데 그쳤다. 얼마 후 이괄은 후금의 침략에 대비하라는 명을 받고 평안 병사 겸 부원수로 부임했다.

그런데 1624년 1월 서인 세력 일부가 이괄의 아들이 역모를 꾸몄다고 무고했다. 이괄의 군사력을 두려워한 것이다. 위기를 느낀 이괄은 반란을 일으켜 한양에 입성했다. 인조는 충청도 공주로 피신했고, 이후 관군 연합군이 힘을 모아 반란군을 제압했다.

이괄의 난은 불공정한 논공행상이 부른 시대의 비극이었다.

028

출발 ➡

1			2	3
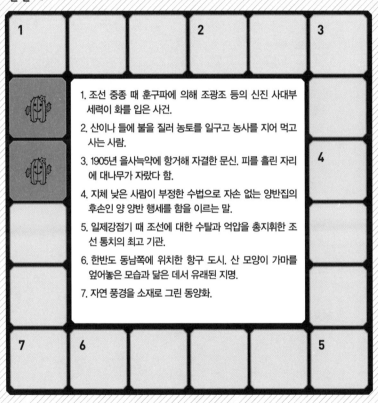				
				4
7	6			5

1. 조선 중종 때 훈구파에 의해 조광조 등의 신진 사대부 세력이 화를 입은 사건.

2. 산이나 들에 불을 질러 농토를 일구고 농사를 지어 먹고 사는 사람.

3. 1905년 을사늑약에 항거해 자결한 문신. 피를 흘린 자리에 대나무가 자랐다 함.

4. 지체 낮은 사람이 부정한 수법으로 자손 없는 양반집의 후손인 양 양반 행세를 함을 이르는 말.

5. 일제강점기 때 조선에 대한 수탈과 억압을 총지휘한 조선 통치의 최고 기관.

6. 한반도 동남쪽에 위치한 항구 도시. 산 모양이 가마를 엎어놓은 모습과 닮은 데서 유래된 지명.

7. 자연 풍경을 소재로 그린 동양화.

첫 글자 힌트 1. 기 3. 민 5. 조

028 정답

기	묘	사	화	전	민
					영
					환
도					부
수					역
산	부	독	총	선	조

1. 기묘사화己卯士禍

조선 중종 때 훈구파에 의해 조광조 등의 신진 사대부 세력이 화를 입은 사건.

2. 화전민火田民

산이나 들에 불을 질러 농토를 일구고 농사를 지어 먹고 사는 사람.

3. 민영환閔泳煥(1861~1905)

1905년 을사늑약에 항거해 자결한 문신. 피를 흘린 자리에 대나무가 자랐다고 한다.

4. 환부역조換父易祖

지체 낮은 사람이 부정한 수법으로 자손 없는 양반집의 후손인 양 양반 행세를 함을 이르는 말.

5. 조선총독부朝鮮總督府

일제강점기 때 조선에 대한 수탈과 억압을 총지휘한 조선 통치의 최고 기관.

6. 부산釜山

한반도 동남쪽에 위치한 항구 도시. 산 모양이 가마를 엎어놓은 모습과 닮은 데 서 유래된 지명.

7. 산수도山水圖

자연 풍경을 소재로 그린 동양화.

기묘사화

기묘년인 1519년 11월 남곤, 심정, 홍경주 등의 재상들에 의해 조광조, 김식 등 사림 세력이 화를 입은 사건을 이른다.

연산군을 폐위하고 즉위한 중종은 반정공신의 독주를 막고자 사림土林을 중용했다. '사림'은 시골에서 사서오경과 성리학을 연구하던 지식인들을 가리키는 말이다. 중종은 조광조로 대표되는 사림을 3사에 등용해 훈구파(반정에 참여해 공훈을 세운 세력)를 견제하면서 왕도정치를 추구했다.

사림의 정책을 지켜보던 훈구파는 천거제를 통한 인재 등용, 향약鄕約(권선징악과 상부상조를 목적으로 만든, 마을의 자치 규약) 실시 등으로 자신들의 기득권이 위협받자 이내 반발했다. 1519년 사림이 중종반정 공신의 위훈 삭제(공이 없으면서 공적에 책봉된 사람들을 지움)를 건의하자, 훈구파는 사림과 제거에 나섰다. 중종 역시 위훈 삭제에는 부담을 느꼈다.

훈구파 김전, 심정, 홍경주 등은 '주초위왕走肖爲王'이라는 글자가 새겨진 나뭇잎을 조작해 왕에게 보임으로써, 중종의 불안감을 자극하며 위기의식을 갖게 했다. '주초'는 '조趙'의

파자破字로, '조광조가 왕이 된다'는 뜻이었다. 1519년 11월 훈구파 대신들이 '조광조 등이 국정을 어지럽혔으니 처벌해야 한다'라고 건의하자, 중종은 받아들여 그렇게 처리했다.

조광조는 귀양 가서 사약을 받았고, 많은 사람이 사형당하거나 스스로 목숨을 끊었다. 중종이 필요할 때 사람을 불러 쓰고, 부담이 되자 서슴없이 버린 셈이었다.

환부역조

'양반'은 원래 문무 관직을 가진 사람을 이르던 말이었으나, 조선 후기에 이르러서는 벼슬이 있거나 명성 높은 학자를 가리켰다. 그들은 족보를 만들어 핏줄 전체가 양반 가문으로 행세했으며, 신분 낮은 사람들과는 혼인하지 않았다.

나라에서는 4조(증조·조·부·외조) 가운데 현관顯官을 지낸 적 있는 가문의 사람에게만 과거 응시 자격을 주고, 유학幼學(벼슬하지 않은 선비)에게는 군역을 면제해주었다.

따라서 벼슬을 하고 싶거나 군역을 피하려는 사람들은 어떻게든 호족과 족보를 바꾸려고 했다. 18세기 들어 양반 가문에 많은 돈을 주고 그 호적에 들어가는 경우가 많았다. 이것은 조상을 바꾸는 일이었기에 '환부역조'라는 말이 생겼다. 그 결과 19세기 들어 양반층이 인구의 절반을 넘어섰다.

029

출발 ➡

1				2	3

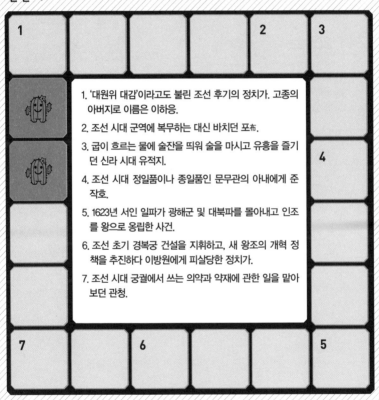

1. '대원위 대감'이라고도 불린 조선 후기의 정치가. 고종의 아버지로 이름은 이하응.
2. 조선 시대 군역에 복무하는 대신 바치던 포布.
3. 굽이 흐르는 물에 술잔을 띄워 술을 마시고 유흥을 즐기던 신라 시대 유적지.
4. 조선 시대 정일품이나 종일품인 문무관의 아내에게 준 작호.
5. 1623년 서인 일파가 광해군 및 대북파를 몰아내고 인조를 왕으로 옹립한 사건.
6. 조선 초기 경복궁 건설을 지휘하고, 새 왕조의 개혁 정책을 추진하다 이방원에게 피살당한 정치가.
7. 조선 시대 궁궐에서 쓰는 의약과 약재에 관한 일을 맡아 보던 관청.

첫 글자 힌트 1. 흥 3. 포 5. 인

131

출발 ➡

흥	선	대	원	군	포
					석
					정
감					경
의					부
전	도	정	반	조	인

1. 흥선대원군興宣大院君(1820~1898)
대원위 대감이라고도 불린 조선 후기의 정치가. 고종의 아버지로 이름은 이하응.

2. 군포軍布
조선 시대 군역에 복무하는 대신 바치던 포布.

3. 포석정鮑石亭
굽이 흐르는 물에 술잔을 띄워 술을 마시고 유흥을 즐기던 신라 시대 유적지.

4. 정경부인貞敬夫人
조선 시대 정일품이나 종일품인 문무관의 아내에게 준 작호.

5. 인조반정仁祖反正
1623년 서인 일파가 광해군 및 대북파를 몰아내고 인조를 왕으로 옹립한 사건.

6. 정도전鄭道傳(1342~1398)
조선 초기 경복궁 건설을 지휘하고, 새 왕조의 개혁 정책을 추진하다 이방원에게 피살당한 정치가.

7. 전의감典醫監
조선 시대 궁궐에서 쓰는 의약과 약재에 관한 일을 맡아보던 관청.

흥선대원군

이하응은 일찍 부모를 여읜 뒤 가진 것 없는 왕손으로 불우한 청년기를 보냈다. 안동 김씨 세도정치 아래서 그들의 감시를 피하고자 천하장안이라 불리는 네 사람(천희연, 하정일, 장순규, 안필주)과 어울려 망나니 같은 생활을 했다. 안동 김씨 가문을 찾아다니며 구걸도 서슴지 않아 '궁도령宮道令'이라는 비웃음을 사기도 했다. 하지만 그에게는 남모르는 야망이 있었다. 그는 궁궐 최고 어른인 조대비에게 인연을 대며 기회를 엿보았다.

1863년 12월 철종이 붕어하자 조대비에 의해 이하응의 둘째 아들 명복(고종의 아명)이 왕위에 올랐고, 조대비가 수렴청정垂簾聽政했다. 이하응은 흥선대원군으로 봉해졌으며 대비에게 섭정의 대권을 위임받아 국정의 전권을 쥐게 되었다.

흥선대원군은 10년간 집권하면서 왕권 강화를 꾀하고 조선의 부흥을 위해 노력했다. 그는 당파와 문벌을 초월해 인재를 등용하고, 군포제軍布制(병역의무로 내는 세금 제도)를 호포제戶布制(집집마다 내는 세금 제도)로 개혁해 양반도 세금을 부담하도록 했다. 이 밖에도 사회의 나쁜 풍습을 고치고, 복식을 간소화하며, 사치를 금했다. 자신이 서민들과 어울렸을 때 깨달은 사회 부조리들을 개선하려했던 것이다. 외교정책에서는 민족적으로 단결하고 외세 개입을 물리치려했다.

홍선대원군의 개혁 정책은 일시적으로 큰 호응을 얻었다. 그러나 무리하게 경복궁 중건을 추진하느라 국가경제를 불안하게 만들고, 천주교도 박해로 프랑스와 미국의 군사 개입을 불러왔다. 그래서 홍선대원군은 강직한 성품과 과감한 개혁으로 내치에 크게 공헌하고도 종교와 외교에서 마찰을 빚으며 문명적 근대화를 지연시켰다는 평가를 받게 되었다.

군포

조선 시대 병역 의무자인 양인 남정男丁(16~60세)이 현역 복무에 나가지 않는 대신에 부담했던 세금을 이르는 말이다. '양인'은 양반과 천민 사이의 계층을 가리키며, '상민'이라고도 한다. 백성의 대부분을 차지하는 농민, 수공업자, 상인이 양인이었는데, 이들이 내는 군포는 국가 재정의 보전을 위한 3대 세금 중 하나였다.

030

출발 ➡

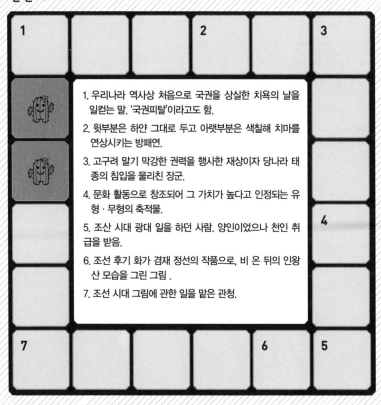

1. 우리나라 역사상 처음으로 국권을 상실한 치욕의 날을 일컫는 말. '국권피탈'이라고도 함.

2. 윗부분은 하얀 그대로 두고 아랫부분은 색칠해 치마를 연상시키는 방패연.

3. 고구려 말기 막강한 권력을 행사한 재상이자 당나라 태종의 침입을 물리친 장군.

4. 문화 활동으로 창조되어 그 가치가 높다고 인정되는 유형·무형의 축적물.

5. 조산 시대 광대 일을 하던 사람. 양인이었으나 천인 취급을 받음.

6. 조선 후기 화가 겸재 정선의 작품으로, 비 온 뒤의 인왕산 모습을 그린 그림.

7. 조선 시대 그림에 관한 일을 맡은 관청.

첫 글자 힌트 1. 경 3. 연 5. 재

135

030 정답

1. 경술국치庚戌國恥

우리나라 역사상 처음으로 국권을 상실한 치욕의 날을 일컫는 말.

2. 치마연

윗부분은 하얀 그대로 두고 아랫부분은 색칠해 치마를 연상시키는 방패연.

3. 연개소문淵蓋蘇文(?~665)

고구려 말기 막강한 권력을 행사한 재상이자 당나라 태종의 침입을 물리친 장군.

4. 문화재文化財

문화 활동으로 창조되어 그 가치가 높다고 인정되는 유형 · 무형의 축적물.

5. 재인才人

조선 시대 광대 일을 하던 사람. 양인이었으나 천인 취급을 받음.

6. 인왕제색도仁王霽色圖

조선 후기 화가 겸재 정선의 작품으로 비 온 뒤의 인왕산 모습을 그린 그림.

7. 도화서圖畵署

조선 시대 그림에 관한 일을 맡은 관청.

경술국치

경술년인 1910년 8월 22일 충격적인 일이 벌어졌다. 일본 측 표기로 '일한병합조약' 체결이 이루어진 것이다. 일제의 조선 강점 마지막 단계인 이 조약은 일주일 후 8월 29일 공표됐고, 이로써 조선은 일본의 식민지로 전락했다.

1910년 8월 29일은 한국인이라면 결코 잊지 말아야 할 치욕의 날이다. 일제는 '병합'이라는 용어를 썼는데, 조선인의 반발을 무마하고자 만들어낸 신조어였다. 일제강점기 친일파 역사학자들은 '한일합방' 또는 '한일합병'이란 말로 표현하며 일본을 거들었다. '합방'은 '둘 이상의 국가를 합침'이란 뜻이지만, 동등한 자격으로 한국이 일본과 합치는 것을 원했다는 의미까지 담고 있기 때문이다. '합병'도 마찬가지다.

오로지 개인적 출세만을 꿈꾼 일부 친일파 외에 일본에 강제 합병되기를 원한 한국인이 있을 리 없다. 따라서 한국인 '경술년에 국권을 상실한 치욕의 날'이란 뜻에서 '경술국치'라고 해야 한다. 같은 일이 반복되지 않도록 항상 기억하고 반성해야 옳기 때문이다.

도화서

'그림을 담당하는 관청'이란 뜻이다. 고려 때는 도화원圖畵院이라고 했는데, 조선 시대에 도화서로 바뀌었다. 도화서에서 그림을 담당한 화가들은 화원畵員이라고 불렸다.

도화서 화원이 되려면 네 가지 주제에서 두 과목을 택해 시험을 치러야 했다. 대나무, 산수山水, 인물과 동물, 꽃과 풀의 순서로 평가 점수가 높게 배점됐다. 다시 말해 대나무를 잘 그리면 합격 확률이 높았으며, 꽃과 풀은 아무리 잘 그려도 점수가 가장 낮았다.

도화서 소속 화가들은 어진을 그리거나 궁중에서 치러지는 각종 행사를 그대로 묘사하는 일을 맡았다. 때로는 아름다운 풍경을 그리기도 했다. 단원 김홍도는 정조의 명으로 금강산에 가서 그림을 그려 바치기도 했다.

도화서 화원은 궁궐에서 근무해도 직급이 낮았다. 화원이 오를 수 있는 가장 높은 지위인 별제別提는 종6품이었으며, 그나마 그 자리에는 사대부 가운데 그림을 잘 아는 사람이 임명되곤 했다.

031

출발 ➡

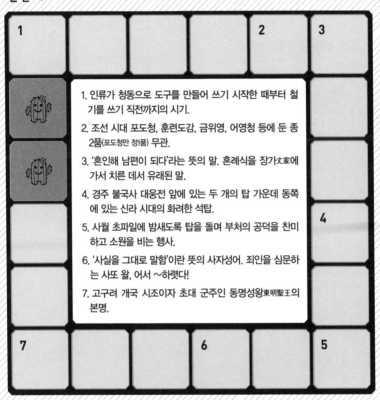

| 1 | | | | 2 | 3 |

1. 인류가 청동으로 도구를 만들어 쓰기 시작한 때부터 철기를 쓰기 직전까지의 시기.

2. 조선 시대 포도청, 훈련도감, 금위영, 어영청 등에 둔 종2품(포도청만 정품) 무관.

3. '혼인해 남편이 되다'라는 뜻의 말. 혼례식을 장가丈家에 가서 치른 데서 유래된 말.

4. 경주 불국사 대웅전 앞에 있는 두 개의 탑 가운데 동쪽에 있는 신라 시대의 화려한 석탑.

5. 사월 초파일에 밤새도록 탑을 돌며 부처의 공덕을 찬미하고 소원을 비는 행사.

6. '사실을 그대로 말함'이란 뜻의 사자성어. 죄인을 심문하는 사또 왈, 어서 ~하렷다!

7. 고구려 개국 시조이자 초대 군주인 동명성왕東明聖王의 본명.

| 7 | | | 6 | | 5 |

첫 글자 힌트 1. 청 3. 장 5. 탑

139

031 정답

출발 ➡

청	동	기	시	대	장
					가
					가
몽					다
주					보
고	직	실	이	돌	탑

1. 청동기시대靑銅器時代
인류가 청동으로 도구를 만들어 쓰기 시작한 때부터 철기를 쓰기 직전까지의
시기.

2. 대장大將
조선 시대 포도청, 훈련도감, 금위영, 어영청 등에 둔 종2품(포도청만 정1품) 무관.

3. 장가가다
'혼인해 남편이 되다'라는 뜻의 말. 혼례식을 장가에 가서 치른 데서 유래된 말.

4. 다보탑多寶塔
경주 불국사 대웅전 앞에 있는 두 개의 탑 가운데 동쪽에 있는 신라 시대의 화려
한 석탑.

5. 탑돌이
사월 초파일에 밤새도록 탑을 돌며 부처의 공덕을 찬미하고 소원을 비는 행사.

6. 이실직고以實直告
'사실을 그대로 말함'이란 뜻의 사자성어.

7. 고주몽高朱蒙(재위 기원전 37~19)
고구려 개국 시조이자 초대 군주인 동명성왕의 본명.

청동기시대

돌을 이용한 석기시대에서 벗어나, 구리를 제련해 청동기를 만들어 사용하던 시대를 이르는 말이다. '제련'은 광석을 용광로에 녹여서 함유된 금속을 뽑아내는 일을 뜻하고, '청동'은 구리와 주석을 합금한 금속을 가리키는 말이다.

인류는 여러 금속 가운데 구리를 가장 먼저 발견하고 가공해 썼다. 구리가 다른 금속에 비해 비교적 낮은 온도에서 녹고 쉽게 구할 수 있었기 때문이다. 인류는 청동으로 신성한 제사용 물품을 만드는가 하면 칼이나 화살촉을 만들어 군사적 우위를 확보했고, 농기구를 만들어 농업 생산성도 높였다.

한반도의 청동기시대는 대략 기원전 1500년경에서 기원전 300년경에 해당하며, 아무 무늬 없는 '민무늬토기'를 사용했기 때문에 민무늬토기 시대라고도 한다.

한편 일제강점기 일본 학자들은 한국에 청동기시대가 없었다고 주장했으나, 광복 후 한국 학자들이 곳곳에서 청동기 유물을 발굴함으로써 그렇지 않음을 입증했다. 한국의 청동기 유물로는 다뉴세문경이 특히 유명하다.

장가가다

우리나라 전통 혼례 풍속에 따르면, 결혼한 신랑 신부는 신랑 집에서 사는 것이 당연한 일이었다. 또한 혼례식을 마치면 신부의 집으로 가서 3일 밤을 보내는 것이 관습이었다.

신부의 집을 장가丈家(장인의 집)라고 했다. 여기서 남성이 결혼하는 것을 이르는 '장가(를)가다'라는 말이 나왔다. '장가 들다'라고도 한다. 장인의 집에서 3일을 보낸 후 신랑 신부는 함께 시댁媤宅으로 들어갔다. '시댁'은 시부모가 사는 '시집'을 높여 부르는 말이다. 여기서 여성이 결혼하는 것을 뜻하는 '시집(을)가다'란 표현이 생겼다.

탑돌이

탑돌이는 젊은 남녀들의 만남의 기회가 되기도 했다.《삼국유사》에 탑돌이 때 젊은 남녀가 눈을 맞추었다는 이야기가 나오며, 조선 세조 때는 조정에서 지금 파고다공원인 원각사의 탑돌이가 너무 문란하다며 문제로 삼기까지 했다.

한편 탑을 돌 때 오른쪽 방향으로 도는 이유는 불가에서 우선右旋(오른쪽으로 돎)을 신성시하는 데 기인한다. 더 거슬러 올라가면 태양을 숭배한 고대 종교의식에 이르며, 그러하기에 해의 진행 방향을 따라 오른쪽으로 돌면서 걷는 것이다.

032

출발 ➡

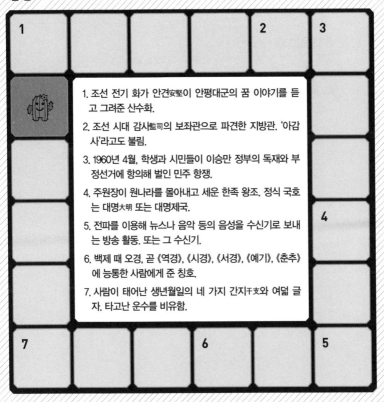

1				2	3

1. 조선 전기 화가 안견安堅이 안평대군의 꿈 이야기를 듣고 그려준 산수화.

2. 조선 시대 감사監司의 보좌관으로 파견한 지방관. '아감사'라고도 불림.

3. 1960년 4월, 학생과 시민들이 이승만 정부의 독재와 부정선거에 항의해 벌인 민주 항쟁.

4. 주원장이 원나라를 몰아내고 세운 한족 왕조. 정식 국호는 대명大明 또는 대명제국.

5. 전파를 이용해 뉴스나 음악 등의 음성을 수신기로 보내는 방송 활동. 또는 그 수신기.

6. 백제 때 오경, 곧 《역경》, 《시경》, 《서경》, 《예기》, 《춘추》에 능통한 사람에게 준 칭호.

7. 사람이 태어난 생년월일의 네 가지 간지干支와 여덟 글자. 타고난 운수를 비유함.

첫 글자 힌트 1. 몽 3. 사 5. 라

143

032 정답

몽	유	도	원	도	사
					월
자					혁
팔					명
주					나
사	박	경	오	디	라

1. 몽유도원도夢遊桃源圖
조선 전기 화가 안견이 안평대군의 꿈 이야기를 듣고 그려준 산수화.

2. 도사都事
조선 시대 감사의 보좌관으로 파견한 지방관. '아감사'라고도 불렸다.

3. 사월혁명四月革命
1960년 4월, 학생과 시민들이 이승만 정부의 독재와 부정선거에 항의해 벌인 민주 항쟁.

4. 명나라 (1368~1644)
주원장이 원나라를 몰아내고 세운 한족 왕조. 정식 국호는 대명 또는 대명제국.

5. 라디오radio
전파를 이용해 뉴스나 음악 등의 음성을 수신기로 보내는 방송 활동. 또는 그 수신기.

6. 오경박사五經博士
백제 때 오경, 곧 《역경》, 《시경》, 《서경》, 《예기》, 《춘추》에 능통한 사람에게 준 칭호.

7. 사주팔자四柱八字
사람이 태어난 생년월일의 네 가지 간지와 여덟 글자. 타고난 운수를 비유함.

몽유도원도

1447년 봄 어느 날, 안평대군(세종의 셋째 아들)이 묘한 꿈을 꾸었다. 무릉도원武陵桃源(복숭아꽃 만발한 지상낙원)을 방문해 그 황홀함에 감탄하는 꿈이었는데, 잠에서 깬 뒤에도 한동안 감흥에 젖어 있었다.

안평대군은 당시 유명한 화가인 안견에게 꿈에서 본 풍경을 자세히 설명해주고는 그림으로 그려달라고 부탁했다. 이에 안견은 가로 106.5센티미터, 세로 38.7센티미터 크기의 비단에 그림을 그렸고, 완성된 작품을 본 안평대군은 자신이 꿈에서 본 그대로라며 크게 칭찬했다.

안평대군은 '꿈에서 무릉도원을 거니는 그림'이란 뜻의 표제와 발문을 그림 한편에 직접 써넣었으며, 소문을 듣고 구경 온 명사들도 찬사 글을 남겼다. 그래서 〈몽유도원도〉는 조선 초기 최고 화가와 신숙주, 정인지, 성삼문, 박팽년 등 당대 유명인들의 친필이 담긴 작품으로 그 가치가 더욱 높아졌다.

한편 〈몽유도원도〉는 현재 우리나라가 아니라 일본 덴리대학 중앙도서관에 소장돼 있다.

사월혁명

1960년 3월 15일 대통령 선거에서 이승만 정권은 대통령 후보 이승만과 부통령 후보 이기붕을 당선시키려고 공무원을 통한 선거운동, 전국 경찰을 활용한 감시 등 온갖 부정한 방법을 서슴없이 저질렀다.

이승만 정권은 개표 조작으로 이승만과 이기붕을 동시에 당선시켰다. 이에 학생과 시민들이 반발해 부정선거 무효와 재선거를 주장했다. 시위에 참가했다 실종된 김주열 학생이 4월 11일 경상남도 마산 앞바다에서 주검으로 발견되었다. 한쪽 눈에 최루탄이 박힌 끔찍한 모습이었다. 이 사실이 보도되자 많은 사람들이 분노했다.

4월 19일 서울에서 시위대가 경무대(지금의 청와대)를 향해 가자 경찰이 총을 쏴서 저지했다. 이후 시위대는 무장하고 경찰에 맞섰다. 시위가 격화되어 사태가 불리해지자, 4월 26일 이승만 대통령은 대통령직에서 물러났으며, 부통령 당선자였던 이기붕은 사퇴 후 일가족이 동반 자살했다.

사월혁명은 이승만 부패 독재정권을 시민의 힘으로, 국민 봉기로 물리쳤다는 점에서 의의가 높다.

출발 ➡

1				2	3
					4
7			6		5

1. 빙하기가 끝난 뒤 인류가 정교한 간석기를 쓰고, 농경과 목축을 한 시대.

2. 조율시이(棗栗柿梨)라 해서 제사상 첫 번째 자리에 올려놓는 붉은빛 과일.

3. 도망간 노비를 찾아서 데려오는 일, 또는 외거 노비를 찾아가 몸값을 받는 일.

4. 고려 광종 때 본래 양민이던 노비를 해방시켜주기 위해 만든 법.

5. 이차돈 순교를 계기로 불교를 공인한 신라 23대 왕.

6. 1398년과 1400년 두 차례에 걸쳐 왕위 계승을 둘러싸고 태조의 왕자들 간에 벌어진 싸움.

7. 알에서 건국 시조나 영웅이 태어났다는 설화. 하늘의 기운을 물려받은 존재임을 상징한 이야기.

첫 글자 힌트 1. 신 3. 추 5. 법

147

033 정답

출발 ➡

신	석	기	시	대	추
					노
화					비
설					안
생					검
난	의	자	왕	흥	법

1. 신석기시대新石器時代
빙하기가 끝난 뒤 인류가 정교한 간석기를 쓰고, 농경과 목축을 한 시대.

2. 대추
조율시이라 해서 제사상 첫 번째 자리에 올려놓는 붉은빛 과일.

3. 추노推奴
도망간 노비를 찾아서 데려오는 일, 또는 외거 노비를 찾아가 몸값을 받는 일을
이르던 말.

4. 노비안검법奴婢按檢法
고려 광종 때 본래 양민이던 노비를 해방시켜주기 위해 만든 법.

5. 법흥왕法興王(재위 514~540)
이차돈 순교를 계기로 불교를 공인한 신라 23대 왕.

6. 왕자의 난
1398년과 1400년 두 차례에 걸쳐 왕위 계승을 둘러싸고 태조의 왕자들 간에 벌어
진 싸움.

7. 난생설화卵生說話
알에서 건국 시조나 영웅이 태어났다는 설화. 하늘의 기운을 물려받은 존재임을
상징한 이야기.

대추

예부터 지금까지 우리나라 제사에서 제사상에 반드시 올려온 붉은빛 과일이다. 제사상에 과일을 진열하는 순서는 조율시이棗栗柿梨(대추, 밤, 감, 배) 또는 조율이시棗栗梨柿(대추, 밤, 배, 감)라 해서 지방에 따라 약간 차이가 있으나, 어디든 공통적으로 대추를 처음 자리에 놓았다.

제사상에 대추가 첫 번째 자리에 놓이는 데는 자손 번창을 기원하는 의미가 담겨 있다. 대추는 씨가 하나, 밤은 씨가 셋, 감은 씨가 다섯, 배는 씨가 일곱인데, 대추는 씨가 하나이니 '시조'를 상징하고 밤 이후는 자손이 점점 늘어남을 상징한다.

또한 대추는 폐백을 드릴 때 사용되기도 한다. '폐백'은 신부가 처음으로 시부모를 뵐 때 큰절을 하고 올리는 대추나 포 따위를 통틀어 이르는 말이며, 시부모는 신부의 치마폭에 대추와 밤을 던져주는 것이 관습이다. '대추'는 꽃이 피면 반드시 열매를 맺는다는 말이 있어 결혼했으니 주렁주렁 열리는 대추 열매처럼 자식을 많이 낳으라는 의미다.

노비안검법

고려 광종 때인 956년 노비안검법이 전격적으로 시행되었다. '남자 종과 여자 노비를 어루만져주는 법'이란 뜻으로, 지방 호족들이 소유한 사노비 가운데 본래 양인이던 자들을 노비 신분에서 해방시키고자 한 법이다.

고려 초기의 호족들은 후삼국 시기 혼란스러운 틈을 타서 전쟁 포로나 빚을 갚지 못한 자들을 강제로 노비로 두어 자기 세력으로 삼았다. 지방 호족은 고려 건국을 도왔지만 국왕으로서는 그대로 두기에 부담스러운 존재였다.

그래서 광종은 사노비들을 해방시켜 지방 호족의 힘을 약화시키는 동시에 국가 재정수입을 늘리는 묘책으로 노비안검법을 실시한 것이다. 노비가 양인이 되면 세금을 내고 부역 賦役할 의무가 생기는 까닭이다.

광종은 이 법을 강력히 추진해 왕권을 강화했지만, 호족 세력은 지속적으로 반발하며 폐지를 요구했다. 부작용도 있었다. 해방된 노비들이 옛 주인을 나쁘게 말하거나 해를 끼치는 일이 많았기 때문이다. 혼란이 심해지자 성종 때인 987년 노비환천법(해방된 노비를 다시 종으로 만드는 법)이 나왔다.

034

출발 ➡

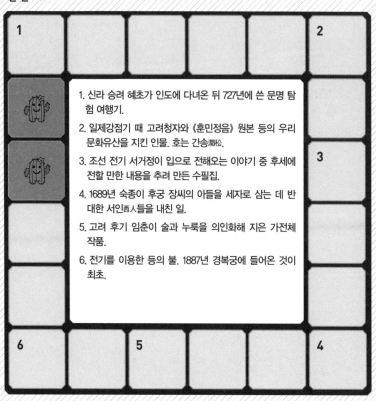

1					2

1. 신라 승려 혜초가 인도에 다녀온 뒤 727년에 쓴 문명 탐험 여행기.

2. 일제강점기 때 고려청자와 《훈민정음》 원본 등의 우리 문화유산을 지킨 인물. 호는 간송澗松.

3. 조선 전기 서거정이 입으로 전해오는 이야기 중 후세에 전할 만한 내용을 추려 만든 수필집.

4. 1689년 숙종이 후궁 장씨의 아들을 세자로 삼는 데 반대한 서인西人들을 내친 일.

5. 고려 후기 임춘이 술과 누룩을 의인화해 지은 가전체 작품.

6. 전기를 이용한 등의 불. 1887년 경복궁에 들어온 것이 최초.

6		5			4

첫 글자 힌트 1. 왕 2. 전 4. 기

034 정답

출발 ➡

왕	오	천	축	국	전
					형
					필
불					원
깃					잡
전	순	국	환	사	기

1. 왕오천축국전往五天竺國傳
신라 승려 혜초가 인도에 다녀온 뒤 727년에 쓴 문명 탐험 여행기.

2. 전형필全鎣弼(1906~1962)
일제강점기 때 고려청자와 《훈민정음》 원본 등의 우리 문화유산을 지킨 인물. 호는 간송澗松.

3. 필원잡기筆苑雜記
조선 전기 서거정이 입으로 전해오는 이야기 중 후세에 전할 만한 내용을 추려 만든 수필집.

4. 기사환국己巳換局
1689년 숙종이 후궁 장씨의 아들을 세자로 삼는 데 반대한 서인들을 내친 일.

5. 국순전麴醇傳
고려 후기 임춘이 술과 누룩을 의인화해 지은 가전체 작품.

6. 전깃불
전기를 이용한 등의 불. 한국에서 최초의 전기불은 1887년 경복궁에 들어온 것이다.

왕오천축국전

'오천축국을 여행한 기록'이란 뜻이다. '천축국'은 인도를 가리키고, '오천축'은 넓은 인도를 동서남북과 중앙의 다섯 지방으로 구분해서 한꺼번에 부른 명칭이다. 지은이는 신라 시대 승려 혜초慧超이다.

혜초는 불교 성지를 직접 가보기 위해 723년부터 727년까지 4년간 인도와 중앙아시아, 아랍을 여행했다. 신라에서 배를 타고 바닷길로 인도에 도착했으며, 걸어서 여러 지역을 돌아다닌 후 중국으로 들어가 사찰에서 불경을 연구했다.

《왕오천축국전》은 8세기 인도와 중앙아시아에 관해 기록한 세계에서 유일한 책이며, 당시 중국과 인도 사이의 여행길 및 교역로를 파악하는 데 중요한 자료로 높이 평가받고 있다.

한편 《왕오천축국전》은 현재 프랑스 파리 국립도서관에 보관되어 있다. 1908년 프랑스인 폴 펠리오가 둔황천불동을 지키던 중국인에게서 구매한 7,000여 유물에 섞여 있었던 까닭이다.

필원잡기

조선 초기 학자 서거정徐居正이 지은 한문 수필집이며, 제목은 '붓 가는 대로 이런저런 사실들을 모아 기록'했다는 뜻이다. 역사적인 왕조 창업, 고위 관리들의 언행, 세간의 풍속, 전해오는 이야기 등을 수집해 간략히 적었다. 이를테면 다음과 같은 내용이다.

"비류와 온조가 부아악負兒岳에 올라서 살 만한 땅을 살펴보았다. 비류는 미추홀에 도읍했다. 온조는 위례성에 도읍했다가 뒤에 남한산성으로 옮겼으니 곧 지금의 광주이다. 온조는 또 북한산성으로 옮겼으니 곧 지금의 한양인데, 그중 명당터는 어느 곳인지 알지 못하겠다."

이로써 남한산성이 백제 온조왕의 옛 도읍지임을 알 수 있다. 이렇듯《필원잡기》는 역사적 사실은 물론 흥미로운 전설도 다루고 있어 조선 초기의 풍물을 파악하는 데 큰 도움이 되는 자료로 평가받고 있다.

035

출발 ➡

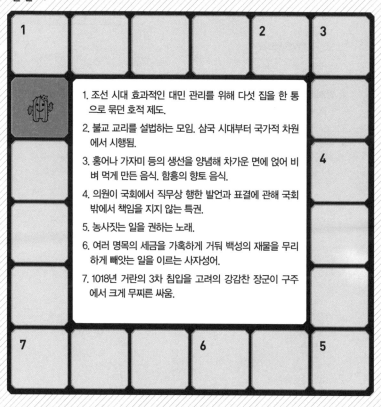

1				2	3
					4
7			6		5

1. 조선 시대 효과적인 대민 관리를 위해 다섯 집을 한 통으로 묶던 호적 제도.
2. 불교 교리를 설법하는 모임. 삼국 시대부터 국가적 차원에서 시행됨.
3. 홍어나 가자미 등의 생선을 양념해 차가운 면에 얹어 비벼 먹게 만든 음식. 함흥의 향토 음식.
4. 의원이 국회에서 직무상 행한 발언과 표결에 관해 국회 밖에서 책임을 지지 않는 특권.
5. 농사짓는 일을 권하는 노래.
6. 여러 명목의 세금을 가혹하게 거둬 백성의 재물을 무리하게 빼앗는 일을 이르는 사자성어.
7. 1018년 거란의 3차 침입을 고려의 강감찬 장군이 구주에서 크게 무찌른 싸움.

첫 글자 힌트 1. 오 3. 회 5. 권

035 정답

출발 ➡

오	가	작	통	법	회
					냉
첩					면
대					책
주					특
구	주	렴	가	농	권

1. 오가작통법五家作統法

조선 시대 효과적인 대민 관리를 위해 다섯 집을 한 통으로 묶던 호적 제도.

2. 법회法會

불교 교리를 설법하는 모임. 삼국 시대부터 국가적 차원에서 시행됨.

3. 회냉면

홍어나 가자미 등의 생선을 양념해 차가운 면에 얹어 비벼 먹게 만든 음식. 함흥의 향토 음식.

4. 면책특권免責特權

의원이 국회에서 직무상 행한 발언과 표결에 관해 국회 밖에서 책임을 지지 않는 특권.

5. 권농가勸農歌

농사짓는 일을 권하는 노래.

6. 가렴주구苛斂誅求

여러 명목의 세금을 가혹하게 거둬 백성의 재물을 무리하게 빼앗는 일을 이르는 사자성어.

7. 구주대첩龜州大捷

1018년 거란의 3차 침입을 고려의 강감찬 장군이 구주(귀주)에서 크게 무찌른 싸움.

오가작통법

조선 시대 다섯 집을 1통으로 묶은 호적의 보조 조직을 이르는 말이다. 성종 때인 1485년 한명회의 요구로 채택되어《경국대전》에 정식 법으로 기록됐다.《경국대전》에 따르면 5개의 호戶를 1개의 통統으로 구성했으며, 리里는 5개의 통으로 구성하며, 면面은 3~4개의 리里로 구성하여, 통에는 통주統主 또는 통수統首를 두어 조직을 강화했다.

오가작통법은 주로 호구戶口(집과 사람의 수)를 밝히는 동시에 범죄자를 색출하거나 세금을 징수하거나 부역에 동원할 목적으로 만들었다. 일반적으로 세금과 부역을 피해 신고 없이 이사 다니는 일을 방지하는 데 이용했다. 한 가구가 도망가면 나머지 네 가구에 연대책임을 물어 처벌했기에, 서로 감시하고 신고하는 풍토가 조성됐다.

조선 후기 천주교가 들어왔을 때는 천주교도를 찾아내는 수단으로도 이용됐다. 순조와 헌종 때는 '한 집에서 천주교도가 적발되면 다섯 집을 모조리 처벌하는 방식'으로 천주교도를 색출했다.

법회

승려와 신도가 한곳에 모여 불교적 행사를 하는 모임을 이르는 말이다. 스님이 신도들에게 불경 내용을 설명하거나, 죽은 사람이 극락에 가도록 스님들이 모여 경을 읽고 공양하는 일 등을 말한다.

예전에는 법회가 있을 때 절의 문 앞에 당幢(의식용 깃발)을 세웠다. 깃발을 세우는 장대를 당간幢竿이라 하며, 당간이 쓰러지지 않도록 좌우에 세우는 기둥을 지주支柱라고 한다. 오랜 세월 잦은 전쟁과 난리로 대부분 사찰의 당간은 파괴됐으며, 지금은 그 흔적인 '당간지주'만 남아 있어서 법회 당을 세우는 모습은 보기 힘들다.

법회 자체는 예부터 지금까지 꾸준히 이어져오고 있다. 신라 시대에는 참회 중심의 점찰법회, 방위신方位神에게 국가 안보를 기원하는 호국적인 문두루법회 등 다양한 법회가 열렸다.

036

출발 ➡

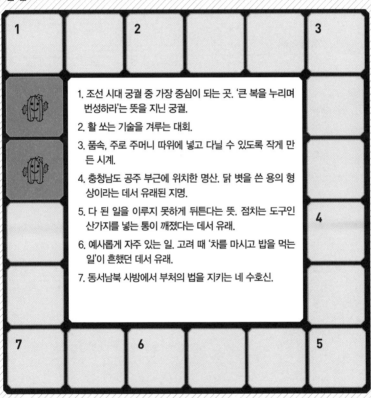

1		2		3
🌵	1. 조선 시대 궁궐 중 가장 중심이 되는 곳. '큰 복을 누리며 번성하라'는 뜻을 지닌 궁궐. 2. 활 쏘는 기술을 겨루는 대회. 3. 품속, 주로 주머니 따위에 넣고 다닐 수 있도록 작게 만든 시계. 4. 충청남도 공주 부근에 위치한 명산. 닭 볏을 쓴 용의 형상이라는 데서 유래된 지명. 5. 다 된 일을 이루지 못하게 뒤튼다는 뜻. 점치는 도구인 산가지를 넣는 통이 깨졌다는 데서 유래. 6. 예사롭게 자주 있는 일. 고려 때 '차를 마시고 밥을 먹는 일'이 흔했던 데서 유래. 7. 동서남북 사방에서 부처의 법을 지키는 네 수호신.		
🌵			4
7		6		5

첫 글자 힌트 1. 경 3. 회 5. 산

159

036 정답

출발 ➡

경	복	궁	술	대	회
왕					중
					시
					계
천					룡
사	반	다	깨	통	산

1. 경복궁景福宮
조선 시대 궁궐 중 가장 중심이 되는 곳으로, '큰 복을 누리며 번성하라'는 뜻을 지닌 궁궐.

2. 궁술대회
활 쏘는 기술을 겨루는 대회.

3. 회중시계
품속懷中, 주로 주머니 따위에 넣고 다닐 수 있도록 작게 만든 시계.

4. 계룡산鷄龍山
충청남도 공주 부근에 위치한 명산. 닭 볏을 쓴 용의 형상이라는 데서 유래된 지명.

5. 산통算筒깨다
다 된 일을 이루지 못하게 뒤튼다는 뜻. 점치는 도구인 산가지를 넣는 통이 깨졌다는 데서 유래된 말.

6. 다반사茶飯事
예사롭게 자주 있는 일. 고려 때 '차를 마시고 밥을 먹는 일'이 흔했던 데서 유래.

7. 사천왕四天王
동서남북 사방에서 부처의 법을 지키는 네 수호신.

경복궁

조선 시대 궁궐 중에서 가장 먼저 세워진 건물이다. '경복'이
란 이름은 조선이 오래도록 큰 복을 누리라는 뜻으로 정도전
이 붙였으며, 경복궁 정문의 이름은 '왕의 큰 덕이 온 나라를
비추다'란 의미로 광화문光化門이라 했다.

　조선왕조는 한양에 도읍한 뒤 북궐, 동궐, 서궐 등 여러 곳
에 궁궐을 창건했으며, 경복궁은 도성 북쪽에 있다 해서 북궐
北闕로 불렸다. 대체로 국왕은 경복궁에 머물렀지만 시대적
상황에 따라 궁궐을 옮겨가며 나랏일을 처리했다. 경복궁은
임진왜란 때 불타 파괴됐으며, 조선 말기 흥선대원군은 국가
재정이 부족한 상황에서 경복궁 중건을 강행하다가 경제를
불안하게 만들었다.

산통 깨다

'산통 깨다'라는 말은 산통점算筒占에서 유래되었다. '산통'
은 점치는 데 쓰는 산가지를 넣어두는 통이고, '산가지'는 수
를 셀 때 쓰는 젓가락처럼 가는 물건을 일컫는 말이다. 점쟁

이가 산통에서 산가지를 뽑은 다음 역서易書에 적힌 괘문卦文을 보고 길흉화복을 판단하는 것이 산통점이다.

개화기에 이르러서는 중국인에 의해 산통계가 성행했다. 이때의 '계'는 계원(계에 참여한 회원)들이 똑같이 돈을 내고 추첨을 통해 순서대로 목돈을 받아가는 것을 뜻한다. 산통계는 각 계원의 이름이나 번호를 기입한 알을 상자에 넣고, 뒤 그 통을 돌려 나오는 알에 따라 당첨을 결정하는 방식으로 행해졌다.

그런데 산통점이든 산통계든 산통이 깨지면 일을 진행할 수 없게 된다. 여기에서 속수무책으로 다 틀렸다는 뜻으로 '산통 깨졌다'라는 관용어가 생겼다. 다른 사람들이 모여 하는 일을 방해하면 '산통(을) 깨다', 누군가에 의해 모임의 일을 방해받으면 '산통이 깨지다'라고 표현한다.

037

출발 ➡️

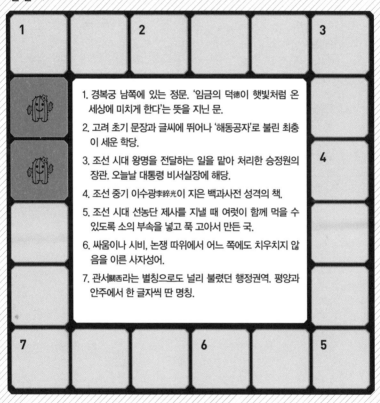

1		2			3

1. 경복궁 남쪽에 있는 정문. '임금의 덕德이 햇빛처럼 온 세상에 미치게 한다'는 뜻을 지닌 문.
2. 고려 초기 문장과 글씨에 뛰어나 '해동공자'로 불린 최충이 세운 학당.
3. 조선 시대 왕명을 전달하는 일을 맡아 처리한 승정원의 장관. 오늘날 대통령 비서실장에 해당.
4. 조선 중기 이수광李睟光이 지은 백과사전 성격의 책.
5. 조선 시대 선농단 제사를 지낼 때 여럿이 함께 먹을 수 있도록 소의 부속을 넣고 푹 고아서 만든 국.
6. 싸움이나 시비, 논쟁 따위에서 어느 쪽에도 치우치지 않음을 이른 사자성어.
7. 관서關西라는 별칭으로도 널리 불렸던 행정권역. 평양과 안주에서 한 글자씩 딴 명칭.

7			6		5

첫 글자 힌트 1. 광 3. 도 5. 설

037 정답

출발 ➡

광	화	문	헌	공	도
					승
					지
도					봉
안					유
평	평	탕	탕	령	설

1. 광화문光化門

경복궁 남쪽에 있는 정문. '임금의 덕이 햇빛처럼 온 세상에 미치게 한다'는 뜻을 지닌 문.

2. 문헌공도文憲公徒

고려 초기 문장과 글씨에 뛰어나 '해동공자'로 불린 최충이 세운 학당.

3. 도승지都承旨

조선 시대 왕명을 전달하는 일을 맡아 처리한 승정원의 장관. 오늘날의 대통령 비서실장에 해당한다.

4. 지봉유설芝峰類說

조선 중기 이수광이 지은 백과사전 성격의 책.

5. 설렁탕

조선 시대 선농단 제사를 지낼 때 여럿이 함께 먹을 수 있도록 소의 부속을 넣고 푹 고아서 만든 국.

6. 탕탕평평蕩蕩平平

싸움이나 시비, 논쟁 따위에서 어느 쪽에도 치우치지 않음을 이른 사자성어.

7. 평안도平安道

관서라는 별칭으로도 널리 불렸던 행정권역. 평양과 안주에서 한 글자씩 딴 명칭.

문헌공도

고려 초기의 문신 최충은 벼슬이 문하시중(종1품 으뜸 벼슬)에 이르렀고, 여러 법령을 개정해 국법의 기틀을 다졌다. 최충은 '해동공자海東孔子(해동의 공자)'라는 별명을 얻을 만큼 유학자로서도 명성이 높았으며, 관직에서 물러난 뒤에는 제자들을 기르고자 구재학당九齋學堂을 세웠다.

구재학당은 아홉 개 서재(아홉 개 학반)로 이뤄진 학당으로, 우리나라 최초의 사립학교였다. 당시 국학國學은 부실했기에, 과거를 보려는 사람들이 구재학당으로 몰려들었다. 최충이 죽은 뒤에는 시호諡號에 따라 구재학당을 '문헌공도'라고 불렀다. 이후 문헌공도는 과거 응시자의 준비 기관으로 이름이 높았다.

도승지

조선 시대 승정원承政院에 있던 여섯 승지承旨 가운데 우두머리 관직이다. 왕명을 전달하거나 신하들이 왕에게 올리는 글을 받아서 상달하는 일을 맡았으며, 국왕의 자문에 응하는 일도 했다.

　도승지는 아무리 추운 때라도 새벽이면 궁궐에 들어가야 하기에 '거지가 도승지를 불쌍타 한다'라는 속담도 생겼다. 불쌍한 처지에 놓인 사람이 자기보다 나은 사람을 도리어 동정한다는 뜻이다.

　도승지는 정3품으로, 정승(정1품)과 판서(정2품)보다 낮은 관직이지만 실제 권력은 훨씬 막강했다. 항상 임금 곁에 있었기 때문이다. 도승지는 단순히 옆자리만 지킨 것이 아니라 임금에게 전해지는 문서의 내용을 고치거나 아예 상달하지 않기도 했으며, 임금을 알현하려는 신하들의 접근을 차단하기도 했다. 예를 들어 정조 때 한동안 왕의 총애를 받던 도승지 홍국영은 신하들의 접근을 자기 마음대로 막았기에 '왕을 만나고자 하는 사람은 먼저 홍국영을 만나야 한다'는 소문이 퍼지기도 했다.

　이렇듯 국왕과 가까이 있었기에 도승지 중 상당수는 나중에 판서나 정승에까지 올랐다.

038

1		2			3
					4
7				6	5

1. 일제강점기인 1932년 일본에 건너가 침략의 상징 인물인 일왕에게 폭탄을 던진 애국지사.

2. 일제강점기에 한국인 성명을 일본식 이름으로 바꾸라고 강요한 식민정책의 하나.

3. 1597년 9월 이순신이 이끄는 수군이 명량해협에서 왜선을 크게 무찌른 싸움.

4. 경쟁 관계에 있는 국가에 몰래 사람을 보내 비밀 정보를 알아내고 수집하는 일.

5. 전파를 이용해 말을 주고받는 기기. 우라나라에서는 1896년 궁권에 처음 설치됨.

6. 물의 어는점과 끓는점을 180등분한 온도계.

7. 경주 김씨 시조 김알지가 태어난 곳이라는 전설의 숲. 닭 울음소리가 들린 데서 유래된 지명.

첫 글자 힌트 1. 이 3. 명 5. 전

167

038 정답

출발 ➡

이	봉	창	씨	개	명
					량
					대
					첩
림					보
계	도	온	씨	화	전

1. 이봉창李奉昌(1901~1932)
일제강점기인 1932년 일본에 건너가 침략의 상징 인물인 일왕에게 폭탄을 던진 애국지사.

2. 창씨개명創氏改名
일제강점기에 한국인 성명을 일본식 이름으로 바꾸라고 강요한 식민정책의 하나.

3. 명량대첩鳴梁大捷
1597년 9월 이순신이 이끄는 수군이 명량해협에서 왜선을 크게 무찌른 싸움.

4. 첩보전諜報戰
경쟁 관계에 있는 국가에 몰래 사람을 보내 비밀 정보를 알아내고 수집하는 일.

5. 전화電話
전파를 이용해 말을 주고받는 기기. 우리나라에서는 1896년 궁궐에 처음 설치되었다.

6. 화씨온도계華氏溫度計
물의 어는점과 끓는점을 180등분한 온도계.

7. 계림鷄林
경주 김씨 시조 김알지가 태어난 곳이라는 전설의 숲. 닭 울음소리가 들린 데서 유래된 지명.

이봉창

1900년 서울에서 태어난 이봉창은 25세 때인 1925년 일본으로 건너가 철공소 직원으로 일하면서 일본인의 양아들이 되었다. 장차 독립운동을 위해서 자유롭게 일본을 다닐 수 있는 신분을 얻으려는 의도였다.

1931년 1월 중국으로 건너간 이봉창은 애국단에 가입한 뒤 김구 주석의 지시를 받아 그해 12월 일본 국왕을 암살하겠다고 선언했으며, 수류탄 두 개를 몸에 지니고 일본으로 갔다. 이봉창은 1932년 1월 8일 도쿄 시외 연병장에서 행사를 마치고 돌아가는 일본 국왕 히로히토에게 수류탄을 던졌다. 수류탄 화력이 약해 국왕에게 큰 피해를 주지는 못했다. 이봉창은 도망가지 않고 그 자리에서 태극기를 꺼내어 "대한독립만세!"를 세 번 외친 뒤 태연하게 붙잡혔다.

이봉창은 재판정에서도 당당한 자세를 잃지 않았다. 오히려 "나는 너희 임금을 상대로 하는 사람이거늘 어찌 너희들이 감히 내게 무례히 구느냐!"라고 호통을 쳤다. 일본은 방청객도 없는 상태에서 저희끼리 판결했으며 10월 10일 사형을 집행했다.

우리나라에서는 1962년 이봉창 의사에게 대한민국 건국훈
장 대통령장을 추서해 영혼을 위로했다.

창씨개명

조선총독부는 1939년 조선인의 성명제를 폐지하고 일본식
성씨를 사용하라는 법령을 발표했다. 강제가 아니라 희망자
가 신고하면 된다는 형식이었으나, 실제로는 다양한 방법으
로 강요했다.

창씨를 하지 않은 사람에게는 자녀의 학교 입학 거부, 공기
업 및 기업체 취직 불가, 행정기관의 모든 민원사무 불가, 우
선적인 노무 징용, 식량 및 물자 배급 대상에서 제외, 철도
수송에서 조선인 이름 화물 취급 불가 등 여러 불이익을 주
었다.

또한 총독부는 창씨개명이 일본인과 조선인의 일체 완성
이라고 선전했지만, 일본인과 조선인을 구분하고자 호적 옮
기는 일을 금지함으로써 여전히 민족 차별을 했다. 또 원래의
조선인 성과 본관을 호적에 그대로 두어 계속 착취 대상으로
삼았다.

039

출발 ➡

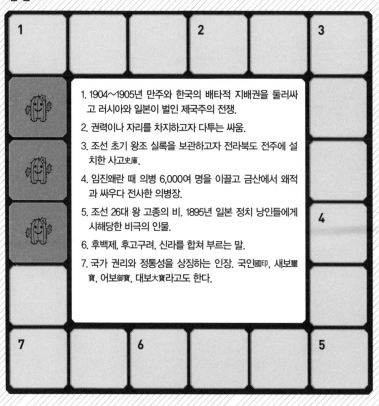

| 1 | | | 2 | | 3 |

1. 1904~1905년 만주와 한국의 배타적 지배권을 둘러싸고 러시아와 일본이 벌인 제국주의 전쟁.
2. 권력이나 자리를 차지하고자 다투는 싸움.
3. 조선 초기 왕조 실록을 보관하고자 전라북도 전주에 설치한 사고史庫.
4. 임진왜란 때 의병 6,000여 명을 이끌고 금산에서 왜적과 싸우다 전사한 의병장.
5. 조선 26대 왕 고종의 비. 1895년 일본 정치 낭인들에게 시해당한 비극의 인물.
6. 후백제, 후고구려, 신라를 합쳐 부르는 말.
7. 국가 권리와 정통성을 상징하는 인장. 국인國印, 새보璽寶, 어보御寶, 대보大寶라고도 한다.

| 7 | | 6 | | | 5 |

첫 글자 힌트 1. 러 3. 전 5. 명

171

039 정답

출발 ➡

러	일	전	쟁	탈	전
					주
					사
					고
새					경
국	삼	후	황	성	명

1. 러일전쟁

1904년에서 1905년까지 만주와 한국의 배타적 지배권을 둘러싸고 러시아와 일본이 벌인 제국주의 전쟁.

2. 쟁탈전爭奪戰

권력이나 자리를 차지하고자 다투는 싸움.

3. 전주사고全州史庫

조선 초기 왕조 실록을 보관하고자 전라북도 전주에 설치한 사고.

4. 고경명高敬命(1533~1592)

임진왜란 때 의병 6,000여 명을 이끌고 금산에서 왜적과 싸우다 전사한 의병장.

5. 명성황후明成皇后(1851~1895)

조선 26대 왕 고종의 비. 1895년 일본 정치 낭인들에게 시해당한 비극의 인물.

6. 후삼국後三國(892~936)

후백제, 후고구려, 신라를 합쳐 부르는 말.

7. 국새國璽

국가 권리와 정통성을 상징하는 인장. 국인, 새보, 어보, 대보라고도 한다.

172

러일전쟁

일본은 1894년부터 1895년에 걸쳐 중국 청나라와 싸운 청일 전쟁에서 승리한 후 기세등등했다. 일본의 간섭을 못마땅하게 여기는 명성황후를 시해하면서까지 한시라도 빨리 조선을 식민지로 삼으려 했으나 의병 투쟁이라는 반발에 부딪혀 주춤했다.

1896년 2월에는 고종이 러시아 공사관으로 거처를 옮기는 아관파천을 단행하고 친러 정권을 수립했다. 러시아가 조선을 보호한다는 명목으로 여러 이권을 가져갔지만, 일본은 조선의 교역 대부분을 차지하며 막대한 경제적 이득을 챙기고 있었다.

일본은 청나라에게서 받은 전쟁배상금 3억 6,000만 엔 가운데 2억 2,000만 엔을 군비 확장에 사용하며 전쟁 준비를 했다. 러시아는 만주를 점령하고 조선에 대한 영향력을 계속 유지하려 했다. 두 나라는 일촉즉발의 상황으로 치달았다.

일본은 1904년 2월 8일 만주 남부로 들어가는 중요한 항구 뤼순을 기습적으로 공격해 전함 두 척과 순양함 한 척을 파괴하고, 9일 인천항에 정박 중인 러시아 함대를 격침한 뒤 10일 선전포고를 했다.

1905년 1월 초 뤼순항을 함락하자, 러시아군은 대세를 만회하고자 발틱 함대를 파견했다. 그런데 러시아가 자랑하는 발틱 함대는 동해로 바로 올 수가 없어 유럽 대서양을 돌아 먼 길을 여행해야 했다. 몇 달에 걸친 항해 끝에 어렵사리 대한해협에 도달했으나, 미리 기다리고 있던 일본 해군에게 참패를 당했다. 게다가 1차 러시아혁명이 일어남으로써 러시아는 전쟁을 지속할 수 없었다. 그래서 러시아는 미국의 권고를 마지못해 수용하고 일본과 강화조약을 체결했다.

이로써 일본은 대한제국에 대한 독점적 지위를 사실상 확보했다.

040

출발 ➡

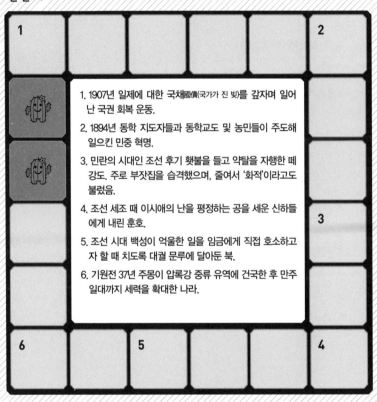

<table>
1
</table>

1. 1907년 일제에 대한 국채國債(국가가 진 빚)를 갚자며 일어난 국권 회복 운동.

2. 1894년 동학 지도자들과 동학교도 및 농민들이 주도해 일으킨 민중 혁명.

3. 민란의 시대인 조선 후기 횃불을 들고 약탈을 자행한 떼강도. 주로 부잣집을 습격했으며, 줄여서 '화적'이라고도 불렀음.

4. 조선 세조 때 이시애의 난을 평정하는 공을 세운 신하들에게 내린 훈호.

5. 조선 시대 백성이 억울한 일을 임금에게 직접 호소하고자 할 때 치도록 대궐 문루에 달아둔 북.

6. 기원전 37년 주몽이 압록강 중류 유역에 건국한 후 만주 일대까지 세력을 확대한 나라.

첫 글자 힌트 1. 국 2. 동 4. 적

175

040 정답

출발 ➡

국	채	보	상	운	동
					학
					혁
려					명
구					화
고	문	신	공	개	적

1. 국채보상운동國債報償運動
1907년 일제에 대한 국채를 갚자며 일어난 국권 회복 운동.

2. 동학혁명東學革命
1894년 동학 지도자들과 동학교도 및 농민들이 주도해 일으킨 민중 혁명.

3. 명화적明火賊
민란의 시대인 조선 후기 횃불을 들고 약탈을 자행한 떼강도. 주로 부잣집을 습격했으며, 줄여서 '화적'이라고도 불렀다.

4. 적개공신敵愾功臣
조선 세조 때 이시애의 난을 평정하는 공을 세운 신하들에게 내린 훈호.

5. 신문고申聞鼓
조선 시대 백성이 억울한 일을 임금에게 직접 호소하고자 할 때 치도록 대궐 문루에 달아둔 북.

6. 고구려高句麗(기원전 37~668)
기원전 37년 주몽이 압록강 중류 유역에 건국한 후 만주 일대까지 세력을 확대한 나라.

국채보상운동

이토 히로부미는 1906년 3월 통감부 초대 통감(총독)으로 부임하자마자 일본은행에서 1,000만 원을 빌렸다. 표면적으로는 도로를 닦고, 수도를 놓고, 학교와 병원을 고치거나 짓기 위함이었다. 이토는 차관 액수를 늘렸다. 1907년에는 일본은행에서 빌린 돈이 총 1,300만 원이 됐는데 당시 대한제국 정부로서는 도저히 감당할 수 없는 금액이었다.

사실 이 일은 대한제국 정부를 빚더미에 앉히려는 이토의 노림수였다. 대한제국 정부는 돈을 만져보지도 못한 채 '빚을 졌다'는 차관증서만 통감부에 바친 꼴이 됐다. 이런 소식을 접한 국민은 무능한 지도자들을 탓하기에 앞서 발등에 떨어진 불을 끌 묘안을 찾았다.

대구 기업인 서상돈은 담배를 끊어 국채를 갚자고 제안하며 1907년 2월 21일 담배 끊는 모임을 만든 다음 먼저 800원을 내고 앞장섰다. 그러자 전국 각지에서 담배를 끊거나 술을 마시지 않고 그 돈으로 국채를 갚겠다는 국채보상운동이 일어났다. 〈황성신문〉과 〈대한매일신보〉 등 주요 신문들이 모금운동을 주도하며 열기를 더 뜨겁게 했다. 그러나 통감부가 교묘하게 신문사를 탄압하며 국채보상운동에 찬물을 끼얹었고, 결국 국채보상운동은 중단되고 말았다.

동학혁명

1894년 동학교도와 농민들이 정부 폭정에 항거하며 일으킨 무장 봉기를 일컫는다. 갑오농민운동, 갑오농민전쟁이라고도 한다. 조선 후기 양반 관료의 횡포가 심해지자 그해 음력 1월, 4월, 9월 세 차례에 걸쳐 여러 지역에서 들고 일어섰다.

동학군은 한때 기세를 올리며 세력을 넓혔다. 탐관오리 처벌과 개혁에 동감하는 백성이 많았던 까닭이다. 민씨 정권은 관군만으로 동학군을 제압할 수 없게 되자 청군과 일본군을 번갈아 끌어들였다. 동학군을 진압하기는 했으나 조선 정부가 자초한 외세 개입은 이후 청일전쟁의 원인이 되었다.

한편 동학은 유교 · 불교 · 선교의 교리를 혼합해 1860년 최제우가 만든 조선 고유의 종교를 가리킨다. '동학'이라는 이름은 '서학西學(천주교)'과 반대되는 개념, 즉 '조선의 종교'라는 뜻에서 나왔다. 다시 말해 하나님을 내세우는 서양 종교에 대항하기 위해 자주적인 우리의 정신세계를 바탕으로 만든 종교가 곧 동학이다.

명화적

조선 중기 이후 몰락 농민들이 집단화해서 도적으로 된 무리를 이르는 명칭이다. 횃불을 들고 습격했기 때문에 이와 같이 이름 붙여졌다.

초기에는 봄여름 농사를 짓고, 관료들의 수탈이 집중되는 가을과 겨울에 떠돌아다니며 도적질하는 행태가 많았다. 하지만 수탈이 심해져 농사를 아예 지을 수 없는 지경이 된 농민들이 많아지면서 사계절 명화적이 되기에 이르렀다.

명화적은 탐욕스러운 관료나 양반집 또는 관청을 공격했으나, 점차 민가도 약탈하면서 불을 질러 공포심을 주었다. 이들이 지나간 집은 불타 없어지곤 했다. 명화적은 화적떼 또는 화적으로도 불렸다.

생생한 한국사
세 번째 마당

041~060

041

출발 ➡

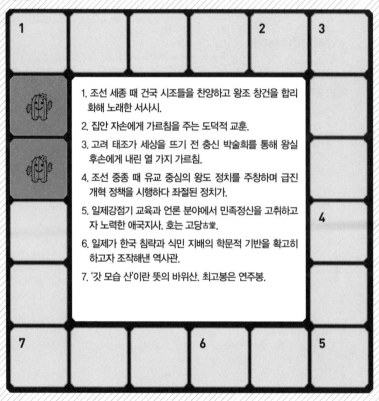

1. 조선 세종 때 건국 시조들을 찬양하고 왕조 창건을 합리화해 노래한 서사시.

2. 집안 자손에게 가르침을 주는 도덕적 교훈.

3. 고려 태조가 세상을 뜨기 전 충신 박술희를 통해 왕실 후손에게 내린 열 가지 가르침.

4. 조선 중종 때 유교 중심의 왕도 정치를 주창하며 급진 개혁 정책을 시행하다 좌절된 정치가.

5. 일제강점기 교육과 언론 분야에서 민족정신을 고취하고자 노력한 애국지사. 호는 고당古堂.

6. 일제가 한국 침략과 식민 지배의 학문적 기반을 확고히 하고자 조작해낸 역사관.

7. '갓 모습 산'이란 뜻의 바위산. 최고봉은 연주봉.

첫 글자 힌트 1. 용 3. 훈 5. 조

183

041 정답

출발 ➡

용	비	어	천	가	훈
					요
					십
산					조
악					광
관	사	민	식	만	조

1. 용비어천가龍飛御天歌
조선 세종 때 건국 시조들을 찬양하고 왕조 창건을 합리화해 노래한 서사시.

2. 가훈家訓
집안 자손에게 가르침을 주는 도덕적 교훈.

3. 훈요십조訓要十條
고려 태조가 세상을 뜨기 전 충신 박술희를 통해 왕실 후손에게 내린 열 가지 가르침.

4. 조광조趙光祖(1482~1519)
조선 중종 때 유교 중심의 왕도 정치를 주창하며 급진 개혁 정책을 시행하다 좌절된 정치가.

5. 조만식曺晩植(1883~1950)
일제강점기 교육과 언론 분야에서 민족정신을 고취하고자 노력한 애국지사. 호는 고당古堂.

6. 식민사관植民史觀
일제가 한국 침략과 식민 지배의 학문적 기반을 확고히 하고자 조작해낸 역사관.

7. 관악산冠岳山
'갓 모습 산'이란 뜻의 바위산. 최고봉은 연주봉.

용비어천가

세종은 훈민정음을 창제한 후 신하들에게 기념할 만한 책을 짓게 했다. 이에 1445년 정인지, 안지, 권제 등이 왕명을 받들어 〈용비어천가〉를 지었다. 제목에서 '용비龍飛'는 '용이 난다'는 뜻으로, 여기서는 임금 자리에 오름을 나타낸다. '어천御天'은 '하늘의 뜻에 맞도록 처신함'의 뜻이다. 그러므로 용비어천은 '용이 날아서 하늘을 본받아 처신함'이란 의미인 셈이다.

〈용비어천가〉는 훈민정음 창제 후 정음으로 기록된 최초의 문헌이다. 또한 역사를 배경으로 하고 설화를 소재로 해서 쓴 영웅서사시라는 의미가 있다. 〈용비어천가〉는 주로 태조 이성계의 활약을 영웅적으로 찬양하며 소개하고 있으며, 이로써 '용비어천가'는 오늘날 권력자에 대한 찬양이나 아부 행태를 비유하는 말로도 쓰이고 있다.

식민사관

일제강점기 일본은 한민족의 역사와 기질을 부정적으로 묘사하는 데 몰두했다. 고려인이 늙은 부모를 산에 버렸다는 황당한 고려장 이야기, 금방 흥분하고 금방 잊는다는 냄비 기질, 때려야 말을 듣는다는 속설 등을 조작해서 교묘히 퍼뜨렸다.

일본은 자신들이 고대에 한반도 남쪽에 근거지를 마련하고 영향력을 행사했다며, 역사도 조작했다. 일본의 야마토왜(大和倭)가 4세기 후반 한반도 남부에 진출해 백제, 신라, 가야를 지배하고, 특히 가야에는 일본부라는 기관을 두어 6세기 중엽까지 직접 지배했다는 이른바 임나일본부설任那日本府說이 그 대표적인 사례이다.

일본은 우리 스스로 문명적 발전도 이룰 수 없어 일본의 힘으로 근대화됐다고 주장했다. 일본 역사학자는 물론 일본에 붙어 출세하려는 우리나라의 친일 역사학자들이 이런 선전에 동원되었다.

그러나 우리나라는 19세기 중엽 이전까지만 해도 정신과 문명 모든 면에서 일본보다 앞선 선진국이었다. 또한 오랜 세월 서로 도와가며 살아온 정 많고 따뜻한 민족인 동시에, 일제강점기 때는 수많은 사람들이 목숨 바쳐 독립 투쟁에 나섰을 만큼 강인한 민족이었다.

042

출발 ➡

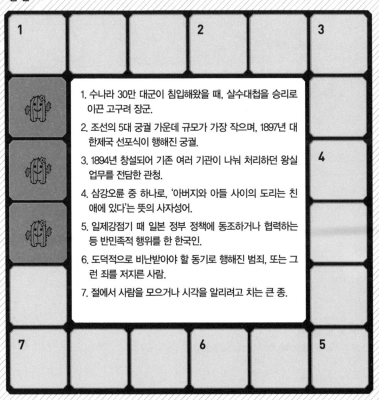

| 1 | | | 2 | | 3 |

1. 수나라 30만 대군이 침입해왔을 때, 살수대첩을 승리로 이끈 고구려 장군.

2. 조선의 5대 궁궐 가운데 규모가 가장 작으며, 1897년 대한제국 선포식이 행해진 궁궐.

3. 1894년 창설되어 기존 여러 기관이 나눠 처리하던 왕실 업무를 전담한 관청.

4. 삼강오륜 중 하나로, '아버지와 아들 사이의 도리는 친애에 있다'는 뜻의 사자성어.

5. 일제강점기 때 일본 정부 정책에 동조하거나 협력하는 등 반민족적 행위를 한 한국인.

6. 도덕적으로 비난받아야 할 동기로 행해진 범죄, 또는 그런 죄를 저지른 사람.

7. 절에서 사람을 모으거나 시각을 알리려고 치는 큰 종.

| 7 | | | 6 | | 5 |

첫 글자 힌트 1. 을 3. 궁 5. 친

042 정답

출발 ➡

을	지	문	덕	수	궁
					내
					부
					자
종					유
범	치	렴	파	일	친

1. 을지문덕乙支文德
수나라 30만 대군이 침입해왔을 때, 살수대첩을 승리로 이끈 고구려 장군.

2. 덕수궁德壽宮
조선의 5대 궁궐 가운데 규모가 가장 작으며, 1897년 대한제국 선포식이 행해진 궁궐.

3. 궁내부宮內府
1894년 창설되어 기존 여러 기관이 나눠 처리하던 왕실 업무를 전담한 관청.

4. 부자유친父子有親
삼강오륜 중 하나로, '아버지와 아들 사이의 도리는 친애에 있다'는 뜻의 사자성어.

5. 친일파親日派
일제강점기 때 일본 정부 정책에 동조하거나 협력하는 등 반민족적 행위를 한 한국인.

6. 파렴치범
도덕적으로 비난받아야 할 동기로 행해진 범죄, 또는 그런 죄를 저지른 사람.

7. 범종梵鐘
절에서 사람을 모으거나 시각을 알리려고 치는 큰 종.

덕수궁

덕수궁 자리는 원래 월산대군(세조의 큰손자)의 집이었다. 임진왜란 때 경복궁이 불타버리는 바람에 왕이 머물 곳이 없자 그곳을 빌려 고쳐서 궁궐로 삼았다. 광해군 때부터 경운궁慶運宮으로 불리며 어느 정도 궁궐의 면모를 갖췄다.

고종은 1897년 10월 12일 경운궁 즉조당에서 조선을 대한제국으로 공표했으며, 자신은 황제로 등극했다. 여러 건물을 세우면서 사직동에서 서울 시청 근처까지로 규모도 넓혔다. 불행히도 1904년 경운궁에 큰불이 나서 많은 건물이 소실됐지만, 나라 재정이 좋지 않아 몇몇 전각만 복구했다.

복구 공사 후 정문을 바꾸었다. 남쪽 인화문 대신에 동쪽 대안문을 새롭게 정문으로 삼은 것이다. 이때 대안문大安門 이름을 대한문大漢門으로 고쳤다. '대한大漢'은 '한양이 창대해진다'는 뜻이며, 한양을 수도로 정하며 새로 태어난 대한제국이 영원히 창대하리라는 염원을 담은 말이다.

그러나 1907년 고종은 강제로 퇴위당했고, 일제에 의해 궁궐 이름도 덕수궁德壽宮으로 바뀌었다. 여기서 '덕수'는 '덕을 누리며 오래 살다'란 뜻이지만, 한편으로는 '왕위에서 물러난 임금'을 의미한다. 일제는 겉으로 고종의 장수를 바라는 척하면서 실제로는 조선 왕실의 위엄을 깎아내리고자 궁궐 이름을 바꾼 것이다.

친일파

조선이 1880년 5월 일본의 개화 정책을 알아보고자 김홍집 일행을 수신사로 파견했을 때도, 임오군란 후 공식 사과를 위해 김옥균 일행을 파견했을 때도 일본은 그들을 정중히 맞이하고 잘 대접했다. 조선의 개혁 정치가들을 잘 대접해 친일 성향으로 만들기 위함이었다.

일본을 다녀온 김홍집, 김옥균 등은 일본의 발전된 모습에 충격을 받고 하루빨리 조선을 근대화해야겠다는 열망을 품었다. 김옥균은 박영효, 서광범 등과 함께 개화당을 조직해 개혁을 꾀했다. 이들 신진 세력은 독립당 또는 개화 독립당이라고도 불렸다.

동시에 개화파에게는 '친일파親日派'라는 수식어가 따라붙었다. 이때의 '친일'은 개인적 친밀함이라기보다 정치적 의미가 강했다. 다시 말해 갑신정변(1884년) 이전의 친일파는 청나라에게서 독립하고자 이이제이以夷制夷(오랑캐로 오랑캐를 다스림) 차원에서 일본의 힘을 빌리려 한 사람들이었다.

그러나 20세기 이후의 친일파는 개인적으로 출세하려는 욕망을 지닌 매국노였다는 점에서 이전의 친일파와 큰 차이가 있다. 을사늑약(1905년)을 전후해 일본에 적극 협력한 이완용, 송병준 등은 전적으로 자기 이익을 위해 조국을 배신했고, 일본에게 공로를 인정받아 작위를 받았다.

한편 광복 후 민족 반역자를 처벌하기 위해 특별법을 제정했을 때는 '부일 협력자'라는 표현을 썼다. 일제강점기 일본에 자발적으로 협력해 이익을 취한 매국노들을 '부일배'라고 불렀는데, '부일附日'은 '일본에 빌붙음'이란 뜻이며, 스스로 나서서 적극 도왔다는 의미를 담고 있다.

그런데 1966년 역사학자 임종국이 《친일문학론》을 펴내면서 '친일'이라는 말이 더 널리 퍼졌다. 당시 친일파 후손들이 여전히 기득권을 쥐고 있던 상황에서 '일본과 친하다'는 뜻으로 완화한 용어였지만, 이후 대중에게 친일은 부일보다 더 나쁜 의미로 통용되었다.

범종

'범梵'은 '더러움이 없다'는 뜻이고, '종鐘'은 '쇠북'이라는 뜻이다. 범종은 본래 더러움이나 악한 기운을 물리치려는 기원을 담은 상징물이다. 불가佛家에서 범종은 욕계의 더러움을 씻어내는 상징, 만물의 잠을 깨우는 자극, 그리고 어떤 시기를 알리는 신호로 사용되고 있다. '구리로 만든 종'이란 뜻에서 '동종銅鐘'이라고도 한다.

043

출발 ➡

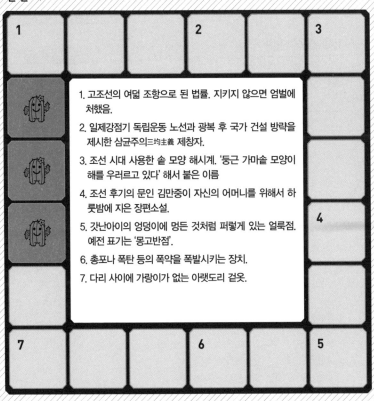

1			2		3

1. 고조선의 여덟 조항으로 된 법률. 지키지 않으면 엄벌에 처했음.
2. 일제강점기 독립운동 노선과 광복 후 국가 건설 방략을 제시한 삼균주의三均主義 제창자.
3. 조선 시대 사용한 솥 모양 해시계. '둥근 가마솥 모양이 해를 우러르고 있다' 해서 붙은 이름
4. 조선 후기의 문인 김만중이 자신의 어머니를 위해서 하룻밤에 지은 장편소설.
5. 갓난아이의 엉덩이에 멍든 것처럼 퍼렇게 있는 얼룩점. 예전 표기는 '몽고반점'.
6. 총포나 폭탄 등의 폭약을 폭발시키는 장치.
7. 다리 사이에 가랑이가 없는 아랫도리 겉옷.

첫 글자 힌트 1. 범 3. 앙 5. 몽

043 정답

출발 ➡

범	금	팔	조	소	양
					부
					일
					구
마					운
치	장	화	점	고	몽

1. 범금팔조犯禁八條
고조선의 여덟 조항으로 된 법률. 지키지 않으면 엄벌에 처했던 여덟 가지 고대 법률.

2. 조소앙趙素昻(1887~1958)
일제강점기 독립운동 노선과 광복 후 국가 건설 방략을 제시한 삼균주의 제창자.

3. 양부일구仰釜日晷
조선 시대에 사용한 솥 모양 해시계. '둥근 가마솥 모양'이 해를 우러르고 있다고 해서 붙은 이름.

4. 구운몽九雲夢
조선 후기의 문인 김만중이 자신의 어머니를 위해서 하룻밤에 지은 장편소설.

5. 몽고점
갓난아이의 엉덩이에 멍든 것처럼 퍼렇게 있는 얼룩점. 예전 표기는 '몽고반점'.

6. 점화장치
총포나 폭탄 등의 폭약을 폭발시키는 장치.

7. 치마
다리 사이에 가랑이가 없는 아랫도리 겉옷.

범금팔조

고조선에서 시행한 여덟 가지 법률을 이르는 말이다. '팔조지교八條之敎' 또는 '팔조법금八條法禁'이라고도 한다. 현재 전하는 내용은 다음 세 가지뿐이다.

1. 사람을 죽인 자는 즉시 사형에 처한다.
2. 남의 몸에 상처 내어 해를 끼친 자는 곡물로 배상한다.
3. 남의 물건을 훔친 자는 데려다가 노비로 삼는다. 단 스스로 면하려면 한 사람당 50만 전錢을 내야 한다.

위 조항을 통해 고조선은 응보주의應報主義(형벌은 죄에 대한 보복을 하는 데 목적이 있다고 하는 원칙)에 따른 형벌 제도를 시행했고 사유재산을 인정했음을 알 수 있다. 범금8조는 우리나라 최초의 법률이었다는 점에서 의의가 있다.

조소앙

일제강점기에 중국으로 망명해 독립운동에 적극 참여했다.

1921년 베이징에서 공산주의에 대한 비판문인 만저우리滿洲
里 선언을 발표했고, 1922년 상하이로 돌아가 임시정부 외무
총장에 선출됐다.

독립 투쟁 방법에 대한 의견 차이로 임정 지도부가 분열하
자, 1940년 한국독립당을 창당하면서 삼균주의三均主義를 정
립했다. 정치·경제·교육의 평등을 보장하자는 주장으로,
자본주의와 사회주의를 적절히 배합하되 평등에 더 역점을
두었다.

삼균주의는 '정치의 균등(균정권)', '경제의 균등(균리권)',
'교육의 균등(균학권)'으로 구성된다. 보통선거제로 정권을
가지런히 하고, 국유제로 경제를 가지런히 하며, 국비 의무교
육으로 교육을 가지런히 하자는 것이다. 국민 누구나 고르게
교육받을 수 있도록 하고, 경제적으로 빈부 차이가 덜하도록
하고, 권력이 어느 한쪽으로 쏠리지 않도록 하자는 내용이다.

조소앙은 1941년 임시정부 외무부장으로서 삼균주의 원칙
에 입각해 광복 후의 새로운 국가 건설 방략을 제시한 임시정
부 〈건국강령〉을 기초하기도 했다.

044

출발 ➡

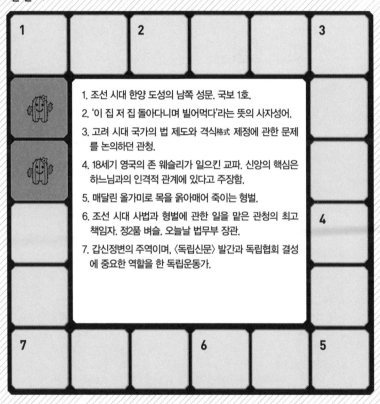

1. 조선 시대 한양 도성의 남쪽 성문. 국보 1호.

2. '이 집 저 집 돌아다니며 빌어먹다'라는 뜻의 사자성어.

3. 고려 시대 국가의 법 제도와 격식格式 제정에 관한 문제를 논의하던 관청.

4. 18세기 영국의 존 웨슬리가 일으킨 교파. 신앙의 핵심은 하느님과의 인격적 관계에 있다고 주장함.

5. 매달린 올가미로 목을 옭아매어 죽이는 형벌.

6. 조선 시대 사법과 형벌에 관한 일을 맡은 관청의 최고 책임자. 정2품 벼슬. 오늘날 법무부 장관.

7. 갑신정변의 주역이며, 〈독립신문〉 발간과 독립협회 결성에 중요한 역할을 한 독립운동가.

첫 글자 힌트 1. 숭 3. 식 5. 교

197

044 정답

출발 ➡

숭	례	문	전	걸	식
					목
					도
필					감
재					리
서	판	조	형	수	교

1. 숭례문崇禮門
조선 시대 한양 도성의 남쪽 성문. 국보 1호.

2. 문전걸식門前乞食
'이 집 저 집 돌아다니며 빌어먹다'라는 뜻의 사자성어.

3. 식목도감式目都監
고려 시대 국가의 법 제도와 격식 제정에 관한 문제를 논의하던 관청.

4. 감리교監理敎
18세기 영국의 존 웨슬리가 일으킨 교파. 신앙의 핵심은 하느님과의 인격적 관계에 있다고 주장했다.

5. 교수형絞首刑
매달린 올가미로 목을 옭아매어 죽이는 형벌.

6. 형조판서刑曹判書
조선 시대 사법과 형벌에 관한 일을 맡은 관청의 최고 책임자. 정2품 벼슬. 오늘날 법무부 장관.

7. 서재필徐載弼(1864~1951)
갑신정변의 주역이며, 〈독립신문〉 발간과 독립협회 결성에 중요한 역할을 한 독립운동가.

198

숭례문

조선 시대에는 성문이 여덟 개였지만 모든 문으로 출입하지는 못했다. 북쪽 대문은 거의 닫아놓아서 다닐 수 없었고, 서대문과 동대문에는 통로조차 없었다. 실제로 출입이 가장 잦은 문은 남쪽 대문이었다. 흔히 남대문으로 불린 숭례문崇禮門은 도성都城 정문에 해당됐기 때문이다. '숭례'는 '예절을 존중한다'는 뜻이다.

남대문은 출입문으로 사용되었을 뿐만 아니라 화재를 예방하고 가뭄을 해결하기 위한 상징물이기도 했다. 숭례문 편액扁額(글씨나 그림을 써서 걸어놓는 액자)은 다른 대문들과 달리 세로로 쓰여 있는데, 여기에는 화재 예방의 염원이 담겨 있다. 음양오행설에 따르면 '예禮' 자는 불(火)에 해당하고, 불은 남쪽을 상징한다. 따라서 남쪽 대문에 걸린 숭례문 편액은 불(火) 위에 불(火)이 있는 형태로서 염炎(불꽃)이 된다. 이 강한 불꽃이 맞불을 놓은 격이 되어 경복궁을 마주 보는 관악산의 불기운을 누른다고 생각한 것이다.

서울에 남아 있는 목조건물 중 가장 오래된 남대문은 잘 보존되어 오다가, 2008년 2월 방화로 불타서 무너졌다. 조선 시대에 그토록 불을 염려하며 잘 관리해왔는데, 결국 현대에 이르러 불로 재앙을 입은 것이다. 이후 2013년 복구됐다.

형조판서

조선 시대 나랏일을 나눠 맡아보던 육조 가운데 국가 법률과 형벌을 담당한 관청이다. 죄 지은 자에게 내리는 벌, 중대한 죄를 저지른 자에 대한 복심(형벌이 타당한지 다시 심사함), 죄수나 노예 관리 등을 맡아 처리했다. 형조는 오늘날 법무부와 법원에 해당된다.

형조의 우두머리는 정2품 판서이며, 형조판서는 의금부에서 중죄인을 국문할 때 동참하기도 했다.

한편 조선 시대 여러 형조판서 가운데 반석평은 특이한 사연을 가진 인물로 유명하다. 석평은 원래 한양 이 참판 댁 노비였으나, 주인의 배려로 노비 신분에서 벗어나 다른 집안의 양자로 들어간 뒤 과거에 합격해 형조판서가 되었다.

출발 ➡

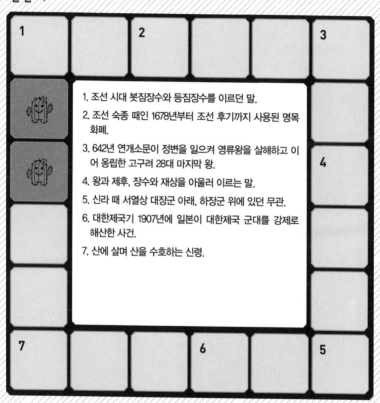

1		2			3

1. 조선 시대 봇짐장수와 등짐장수를 이르던 말.
2. 조선 숙종 때인 1678년부터 조선 후기까지 사용된 명목 화폐.
3. 642년 연개소문이 정변을 일으켜 영류왕을 살해하고 이어 옹립한 고구려 28대 마지막 왕.
4. 왕과 제후, 장수와 재상을 아울러 이르는 말.
5. 신라 때 서열상 대장군 아래, 하장군 위에 있던 무관.
6. 대한제국기 1907년에 일본이 대한제국 군대를 강제로 해산한 사건.
7. 산에 살며 산을 수호하는 신령.

7			6		5

첫 글자 힌트 1. 보 3. 보 5. 상

045 정답

출발 ➡

보	부	상	평	통	보
					장
					왕
령					후
신					장
산	해	대	군	장	상

1. 보부상褓負商
   조선 시대 봇짐장수와 등짐장수를 이르던 말.

2. 상평통보常平通寶
   조선 숙종 때인 1678년부터 조선 후기까지 사용된 명목화폐.

3. 보장왕寶藏王(재위 642~668)
   642년 연개소문이 정변을 일으켜 영류왕을 살해하고 이어 옹립한 고구려 28대 마지막 왕.

4. 왕후장상王侯將相
   왕과 제후, 장수와 재상을 아울러 이르는 말.

5. 상장군上將軍
   신라 때 서열상 대장군 아래, 하장군 위에 있던 무관.

6. 군대해산
   대한제국기 1907년에 일본이 대한제국 군대를 강제로 해산한 사건.

7. 산신령山神靈
   산에 살며 산을 수호하는 신령.

보부상

'보상褓商'은 작고 가벼우며 비교적 비싼 상품을 보자기에 싸서 들고 다니면서 판매하는 봇짐장수를 이르고, '부상負商'은 부피가 크고 비교적 값싼 상품을 등에 짊어지고 다니면서 판매하는 등짐장수를 말한다. 요컨대 봇짐(褓)과 등짐(負)에서 '보부상'이라는 말이 유래됐다.

상설 가게나 점포가 발달하지 않았던 시대에 행상은 상품 유통의 주된 담당자였다. 조선 초기에는 정해진 장터나 장날이 없었기에 행상은 촌락 여기저기를 돌아다니며 장사했다. 장시場市(닷새마다 열리는 시장)가 생긴 이후에는 장날에 맞춰 장터를 돌아다니면서 장사했다. 보부상은 필수품이나 각 지역 특산물을 다른 지역에 가져다가 팔아 이익을 남겼다.

보부상은 시장이 혼란해지지 않도록 자신들끼리 엄격한 규약을 마련해 시행했으며, 그만큼 신뢰가 깊었다. 보부상은 정부 보호를 받음으로써 관리의 수탈을 피할 수 있었고, 전국적인 조직으로 발전하기에 이르렀다.

상평통보

조선 숙종 때부터 화폐가 전국적으로 유통되기 시작했다. '일상에서 모두가 공평하고 고르게 사용하는 보배'라는 뜻의 상평통보常平通寶는 1678년 주조된 이후 200년 동안 통용됐다.

백성들은 상평통보를 엽전葉錢이라고 불렀는데, 동전 만드는 형틀 모양이 흡사 나뭇가지와 잎사귀처럼 보였기 때문이다. 즉 나무 모양 틀에 쇳물을 부어 굳힌 뒤 각각의 잎사귀를 떼어내면 '엽전'이 되는 것이다.

한편 옛날 동전을 보면 동그란 모양에 가운데가 네모지게 파여 있다. 왜 그럴까? 고려 숙종 때 동전을 만들어 전국에 유통하자고 왕에게 건의한 대각국사 의천은 철전론鐵錢論에서 동전 모양을 이렇게 설명했다.

"밖이 둥근 것은 하늘을 본뜨고, 안이 모난 것은 땅을 본떴다. 하늘은 만물을 덮고 땅은 밑에서 없어지지 않게 받쳐준다."

다시 말해 동전의 동그라미는 하늘, 네모는 땅을 상징하며 하늘과 땅의 조화를 추구한 것이다. 그런가 하면 안으로는(자기 자신에게는) 반듯하게, 밖으로는(남에게는) 둥글게 처신하라는 뜻을 담고 있다는 풀이도 있다.

046

출발 ➡

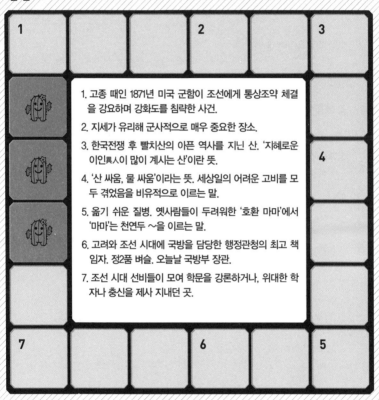

| 1 | | | 2 | | 3 |

1. 고종 때인 1871년 미국 군함이 조선에게 통상조약 체결을 강요하며 강화도를 침략한 사건.

2. 지세가 유리해 군사적으로 매우 중요한 장소.

3. 한국전쟁 후 빨치산의 아픈 역사를 지닌 산. '지혜로운 이인異人이 많이 계시는 산'이란 뜻.

4. '산 싸움, 물 싸움'이라는 뜻. 세상일의 어려운 고비를 모두 겪었음을 비유적으로 이르는 말.

5. 옮기 쉬운 질병. 옛사람들이 두려워한 '호환 마마'에서 '마마'는 천연두 ~을 이르는 말.

6. 고려와 조선 시대에 국방을 담당한 행정관청의 최고 책임자. 정2품 벼슬. 오늘날 국방부 장관.

7. 조선 시대 선비들이 모여 학문을 강론하거나, 위대한 학자나 충신을 제사 지내던 곳.

| 7 | | | 6 | | 5 |

046 정답

출발 ➡

신	미	양	요	충	지
					리
					산
					전
원					수
서	판	조	병	염	전

1. 신미양요辛未洋擾
고종 때인 1871년 미국 군함이 조선에게 통상조약 체결을 강요하며 강화도를 침략한 사건.

2. 요충지要衝地
지세가 유리해 군사적으로 매우 중요한 장소.

3. 지리산智異山
한국전쟁 후 빨치산의 아픈 역사를 지닌 산. '지혜로운 이인이 많이 계시는 산'이란 뜻.

4. 산전수전山戰水戰
'산 싸움, 물 싸움'이라는 뜻. 세상일의 어려운 고비를 모두 겪었음을 비유적으로 이르는 말.

5. 전염병傳染病
옮기 쉬운 질병. 옛사람들이 두려워한 '호환 마마'에서 '마마'는 천연두 전염병을 이르는 말이다.

6. 병조판서兵曹判書
고려와 조선 시대에 국방을 담당한 행정관청의 최고 책임자. 정2품 벼슬. 오늘날 국방부 장관.

7. 서원書院
조선 시대 선비들이 모여 학문을 강론하거나, 위대한 학자나 충신을 제사 지내던 곳.

206

신미양요

1866년 7월 미국 상선 제너럴셔먼호가 대동강을 따라 평양까지 올라와 통상 요구를 핑계로 횡포를 부렸다. 이에 분노한 관민이 제너럴셔먼호를 불태우는 사건이 일어났다. 이후 미국은 조선에 손해배상 청구와 통상 관계 수립을 요구하다 성과가 없자, 무력을 사용해서 개항시키기로 결정했다.

1871년 미국의 아시아 함대 사령관 로저스는 군함 다섯 척을 거느리고 조선을 침략했다. 조선군은 강화도 전투에서 어재연 장군을 비롯해 병사 수백 명이 사망하거나 포로로 붙잡혔다. 미국은 초지진에 주둔하면서 조선이 통상조약 협약에 응할 것을 기다렸다. 그러나 조선 정부는 추가 병력을 보내 기습 공격을 하게 하면서 완강히 저항했다.

그러자 미군은 협상이 어렵다고 판단해 포로를 석방하고 자진 철수했다. 애초 제한적 전투만으로 조선의 항복을 이끌어낼 수 있으리라고 생각했으나 조선이 끝내 거부하고, 전면전을 벌이기에는 부담스러웠던 까닭이다. 조선군이 패배했다는 소식에 동요하던 백성들은 미군이 물러가자 환호했다.

이 사건을 '신미양요'라고 한다. '신미년에 일어난 서양의 소동'이란 뜻이다. 비록 전투에서 패배했으나 조선 쪽에서는 신미양요에 대해 이양선(이상한 모양의 외국 배)을 몰아낸 사건으로 여겼다. 흥선대원군은 이를 계기로 전국에 척화비를 세우고 쇄국정책을 유지했다.

지리산

백두산에서 뻗어 내린 산줄기가 남쪽 하늘 아래에서 우뚝 솟은 형태의 산이다. 예부터 영험하다 해서 무속인이 많이 찾았고, 산이 깊은 까닭에 사찰이 많았으며, 세상과 떨어져 지내려는 사람도 종종 찾았다. '지혜로운 이인異人(재주가 신통하고 비범한 사람)이 많이 계시는 산'이란 뜻의 지명을 지닌 데서 짐작할 수 있듯, 산의 강한 기운(생명력)이 가득한 곳으로 유명하다.

047

출발 ➡

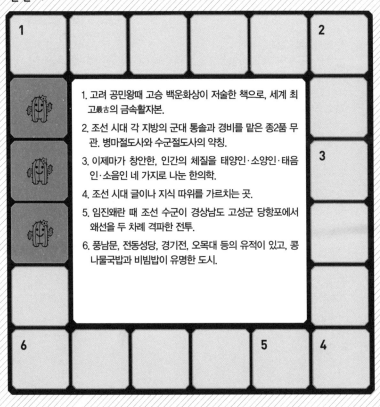

1. 고려 공민왕때 고승 백운화상이 저술한 책으로, 세계 최고最古의 금속활자본.
2. 조선 시대 각 지방의 군대 통솔과 경비를 맡은 종2품 무관. 병마절도사와 수군절도사의 약칭.
3. 이제마가 창안한, 인간의 체질을 태양인·소양인·태음인·소음인 네 가지로 나눈 한의학.
4. 조선 시대 글이나 지식 따위를 가르치는 곳.
5. 임진왜란 때 조선 수군이 경상남도 고성군 당항포에서 왜선을 두 차례 격파한 전투.
6. 풍남문, 전동성당, 경기전, 오목대 등의 유적이 있고, 콩나물국밥과 비빔밥이 유명한 도시.

1

2

3

6

5

4

첫 글자 힌트 1. 직 2. 절 4. 학

047 정답

출발 ➡

직	지	심	체	요	절
					도
					사
					상
주					의
전	해	포	항	당	학

1. 직지심체요절直指心體要節
고려 공민왕 때 백운화상이 저술한 책. 세계 최고最古의 금속활자본으로 원명은 '백운화상초록불조직지심체요절'.

2. 절도사節度使
조선 시대 각 지방의 군대 통솔과 경비를 맡은 종2품 무관. 병마절도사와 수군절도사의 약칭.

3. 사상의학四象醫學
이제마가 창안한, 인간의 체질을 태양인 · 소양인 · 태음인 · 소음인 네 가지로 나눈 한의학.

4. 학당學堂
조선 시대 글이나 지식 따위를 가르치는 곳.

5. 당항포해전唐項浦海戰
임진왜란 때 조선 수군이 경상남도 고성군 당항포에서 왜선을 두 차례 격파한 전투.

6. 전주全州
풍남문, 전동성당, 경기전, 오목대 등의 유적이 있고, 콩나물국밥과 비빔밥이 유명한 도시.

직지심체요절

고려 시대 백운화상白雲和尚이라고도 불린 경한 스님은 전국 사찰을 돌아다닌 후 중국에서 10여 년 동안 공부하다 돌아왔다.

경한은 세상을 떠나기 2년 전인 1372년 원나라에서 가져온《불조직지심체요절》의 내용을 대폭 늘려 상·하 두 권으로 펴냈다. '직지심체'는 '사람이 마음을 바르게 가지면 부처님의 마음을 깨닫게 된다'라는 뜻이다.

1377년 7월, 경한의 제자 석찬과 달담이 청주 흥덕사에서 《백운화상초록불조직지심체요절》을 금속활자로 인쇄했다. 줄여서《직지심체요절》또는《직지》라고 하는 이 불교 서적은 현재까지 전하는 금속활자 인쇄 도서 중에서 가장 오래된 책이다. 1972년 세계에서 가장 오래된 금속활자본으로 공인받았으며, 2001년에는 유네스코 세계기록유산으로 등재됐다.

그런데 안타깝게도《직지심체요절》은 현재 프랑스에 있다. 19세기 말엽 우리나라에 온 프랑스 외교관이 수집해 가져간 까닭이다. 그나마 하권 하나만 보존되어 있다.

사상의학

구한말인 1894년 이제마가 자신의 저서 《동의수세보원》을 통해 발표한 체질 의학론이다. 인간은 태생적으로 장부허실 臟腑虛實(인체의 내장이 부실하거나 튼튼함)이 있고, 이에 따라 성격과 성질이 작용해 생리 현상을 나타내므로 각자 자기 체질에 알맞은 음식을 먹고 건강관리를 해야 한다는 주장이다.

이제마의 '사상 구조론'에 따르면, 사람은 네 체형으로 분류된다. 태양인太陽人, 소양인少陽人, 태음인太陰人, 소음인少陰人이 그것이다. 태양인은 폐가 크고 간이 작고, 소양인은 비장이 크고 신장이 작으며, 태음인은 간이 크고 폐가 작고, 소음인은 신장이 크고 비장이 작다. 여기서 '태'와 '소'는 크기가 아니라 기능을 일컫는 말이다. 즉 해당 내장의 기능이 활발하면 '태', 시원찮으면 '소'로 정의한 것이다.

사상의학은 사람 개개인의 활동 능력과 적응 능력을 설명하고 유전 생물학적 차이점을 규정한 독창적 이론이다. 또한 유교적 심신 수양론과 한의학의 조화를 꾀해 정신까지 건강하게 만드는 색다른 인문 철학적 의학이기도 하다.

사상 체질 분류에 대한 명확한 기준이 부족하다는 단점도 있지만, 인체 질병에 정신분석을 병행하고 예방의학까지 겸하고 있다는 점에서 획기적 의술학론이라고 말할 수 있다.

048

출발 ➡

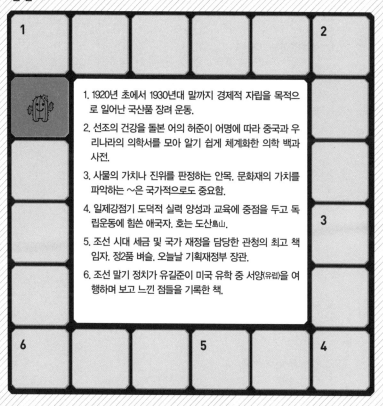

1					2
					3
6			5		4

1. 1920년 초에서 1930년대 말까지 경제적 자립을 목적으로 일어난 국산품 장려 운동.

2. 선조의 건강을 돌본 어의 허준이 어명에 따라 중국과 우리나라의 의학서를 모아 알기 쉽게 체계화한 의학 백과사전.

3. 사물의 가치나 진위를 판정하는 안목. 문화재의 가치를 파악하는 ~은 국가적으로도 중요함.

4. 일제강점기 도덕적 실력 양성과 교육에 중점을 두고 독립운동에 힘쓴 애국자. 호는 도산島山.

5. 조선 시대 세금 및 국가 재정을 담당한 관청의 최고 책임자. 정2품 벼슬. 오늘날 기획재정부 장관.

6. 조선 말기 정치가 유길준이 미국 유학 중 서양(유럽)을 여행하며 보고 느낀 점들을 기록한 책.

첫 글자 힌트 1. 물 2. 동 4. 안

048 정답

출발 ➡

물	산	장	려	운	동
					의
문					보
견					감
유					식
서	판	조	호	창	안

1. 물산장려운동物産獎勵運動
1920년 초에서 1930년대 말까지 경제적 자립을 목적으로 일어난 국산품 장려 운동.

2. 동의보감東醫寶鑑
선조의 건강을 돌본 어의 허준이 어명에 따라 중국과 우리나라의 의학서를 모아 알기 쉽게 체계화한 의학 백과사전.

3. 감식안
사물의 가치나 진위를 판정하는 안목. 문화재의 가치를 파악하는 감식안은 국가적으로도 중요한 업무이다.

4. 안창호安昌浩
일제강점기 도덕적 실력 양성과 교육에 중점을 두고 독립운동에 힘쓴 애국자. 호는 도산島山.

5. 호조판서戸曹判書
조선 시대 세금 및 국가 재정을 담당한 관청의 최고 책임자. 정2품 벼슬. 오늘날 기획재정부 장관.

6. 서유견문西遊見聞
조선 말기 정치가 유길준이 미국 유학 중 서양(유럽)을 여행하며 보고 느낀 점들을 기록한 책.

물산장려운동

1920년대 일제의 경제적 수탈 정책에 맞서 펼쳤던 범국민적 민족경제 자립 실천 운동이다. 여기서 '물산'은 '우리나라에서 생산되는 물건'을 이르는 말이다.

3·1운동 이듬해인 1920년 평양에서 조만식, 김동원 등이 조선물산장려회를 조직하면서 시작된 이 운동은 국산품을 애용하고 담배와 술을 끊자는 계몽운동이었다. 많은 사람들이 호응하자 1923년 1월에는 전국적인 규모로 확대됐다.

물산장려운동의 구호는 '조선 사람 조선으로!', '우리 것으로만 살자!'였으며 주요 강령은 다음과 같았다.

첫째, 의복의 경우 남자는 무명베 두루마기를, 여자는 검정 물감을 들인 무명치마를 입는다.

둘째, 설탕·소금·과일·음료를 제외한 나머지 음식물은 모두 우리 것을 사 쓴다.

셋째, 일상용품은 우리 토산품을 상용하되, 부득이한 경우 외국산품을 사용하더라도 경제적 실용품을 써서 절약한다.

동의보감

조선 14대 왕인 선조가 어의로 활약한 허준의 의술을 높이 평가하고, 궁궐에 있던 의학서 500권을 내주면서 우리나라 의서를 찬집하라고 명했다. '찬집'은 여러 가지 글을 모아 책으로 엮는 것을 뜻하는데, 허준은 단순히 요점만 정리한 것이 아니라 우리에게 맞는 내용을 보완해나갔다. 그리고 1610년 마침내 《동의보감》을 완성했다.

《동의보감》은 각 병마다 처방을 풀이한 의학서로서, 허준은 우리 실정에 맞는 의서라 하여 '동의보감'이라 이름 붙였다. 여기서 동東은 '우리나라'를 뜻한다.

《동의보감》은 간단한 질병을 스스로 치료할 수 있게 한 책이기에 더 큰 의의가 있다. 백성들이 수많은 질병에 괴로워하면서도 별다른 치료를 받지 못하는 현실을 안타깝게 여기며 부작용 없이 스스로 치료할 수 있는 방법을 알려준 것이다.

또한 허준은 우리나라 자연에서 구할 수 있는 약초를 제시했고, 치료보다 예방이 더 중요하다는 점을 강조했다. 이런 이유로 《동의보감》은 백성에게도 큰 영향을 끼치며 민족 의학의 토대가 되었고, 오늘날까지 그 권위를 인정받고 있다.

049

출발 ➡

1. 조선 세종대왕이 집현전 학자들의 도움을 받아 창제하고 1446년 반포한 우리나라 글자.

2. 조선 시대 나라에 공을 세운 신하나 고관의 자손을 시험 없이 관리로 채용한 제도.

3. 임오군란에 따른 일본 측 피해에 대한 배상을 처리하고자 조선과 일본이 맺은 불평등 조약.

4. 조선 시대 궁중 의약에 관한 일을 담당한 관청. 현재는 당국의 허가를 받고 약을 파는 곳.

5. 한국 아동문학 초창기에 아동문학 보급과 아동보호 운동에 앞장선 작가. 호는 소파小波.

6. 예순한 살이 되는 해 생일날에 여는 잔치. '회갑 잔치'라고도 함.

7. 어떤 병에 걸린 환자 가운데 그 병으로 사망한 환자의 비율.

첫 글자 힌트 1. 훈 3. 제 5. 방

049 정답

출발 ➡

훈	민	정	음	서	제
					물
					포
율					조
사					약
치	잔	갑	환	정	방

1. 훈민정음訓民正音
조선 세종대왕이 집현전 학자들의 도움을 받아 창제하고 1446년 반포한 우리나라 글자.

2. 음서제蔭敍制
조선 시대 나라에 공을 세운 신하나 고관의 자손을 시험 없이 관리로 채용한 제도.

3. 제물포조약濟物浦條約
임오군란에 따른 일본 측 피해에 대한 배상을 처리하고자 조선과 일본이 맺은 불평등 조약.

4. 약방藥房
조선 시대 궁중 의약에 관한 일을 담당한 관청. 현재는 당국의 허가를 받고 약을 파는 곳.

5. 방정환方定煥(1899~1931)
한국 아동문학 초창기에 아동문학 보급과 아동보호 운동에 앞장선 작가. 호는 소파小波

6. 환갑잔치
예순한 살이 되는 해 생일날에 여는 잔치. '회갑 잔치'라고도 함.

7. 치사율
어떤 병에 걸린 환자 가운데 그 병으로 사망한 환자의 비율.

훈민정음

'백성을 가르치는 바른 소리'라는 뜻에서 알 수 있듯, 누가 언제 어떤 목적으로 만들었는지 증거가 명확한 세계 유일의 언어이다. 세종과 집현전 학사들의 오랜 연구와 노력 끝에 세종 25년(1443) 창제된 훈민정음은 세종 28년(1446)에 공식적으로 반포되며 세상에 등장했다.

세종은 우리글의 기본 원리를 설명하는 책《훈민정음》도 펴내게 했다. 한문에 해례解例(이해하기 쉽도록 보기를 들어서 풀이함)를 붙였다 해서 '훈민정음 해례본'이라고도 불리는 책이다.

세종은 훈민정음 창제 후 반포하기 전까지 줄기차게 반대 상소문을 올린 집현전 부제학 최만리를 내치지 않고 논리적으로 반박하거나 설득하는 대범한 면모를 보여준 것으로 유명하다. 그만큼 음운音韻을 깊이 연구해 최고 전문가로서 자신감이 있었던 것이고, 이런 추진력이 현대 음운학으로 봐도 전혀 손색없는 훈민정음 자모를 탄생시켰다.

음서제

고위 관리의 아들을 과거 없이 관직에 채용하는 특혜를 이르는 말이다. 음蔭(그늘), 서敍(차례), 제制(임금 명령)에서 느낄 수 있듯 은밀한 혜택을 왕명으로 제도화한 것이다. 음서, 음보蔭補, 문음門蔭, 음사蔭仕, 음직蔭職, 음덕蔭德으로 표현하기도 한다.

음서제는 고려 4대 임금 광종이 5품 이상 관직에 있는 고관의 아들에게 관직을 내리면서 시작되었다. 어느 정도 나라가 안정되자 기득권 세력에게 안정된 힘을 실어주면서 국왕에 대한 충성을 이끌어내기 위함이었다.

음서로 선발된 관료들은 음관蔭官으로 부르며 과거를 거쳐 관직에 등용된 사람들과 구분했다. 음관은 원칙적으로 당상관 이상 직책에는 오르지 못했다. 그들은 능력이 아니라 가문의 힘으로 관리가 됐기 때문이다. 그렇지만 그 수가 점점 늘어 관리 수에서는 과거 급제자보다 더 많아졌다.

조선 시대 들어 음서제 대상자를 줄이고 관리 품계도 낮췄다. 문벌의 폐해를 막기 위한 조치였다. 하지만 조선 시대 역시 중기 이후 점차 음관들이 많아졌다. 능력이 없는데도 벼슬을 하고 싶어 하는 고관의 아들들이 부정한 방법으로 관직에 진출하는 사례가 많아졌기 때문이다.

050

출발 ➡

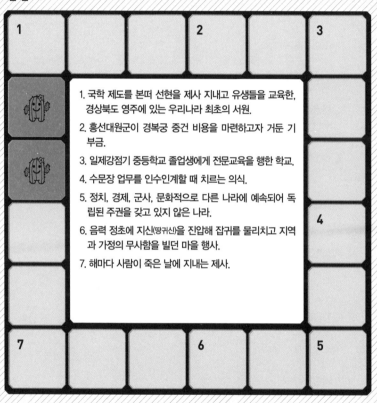

1			2		3
				4
7			6		5

1. 국학 제도를 본떠 선현을 제사 지내고 유생들을 교육한, 경상북도 영주에 있는 우리나라 최초의 서원.

2. 흥선대원군이 경복궁 중건 비용을 마련하고자 거둔 기부금.

3. 일제강점기 중등학교 졸업생에게 전문교육을 행한 학교.

4. 수문장 업무를 인수인계할 때 치르는 의식.

5. 정치, 경제, 군사, 문화적으로 다른 나라에 예속되어 독립된 주권을 갖고 있지 않은 나라.

6. 음력 정초에 지신(땅귀신)을 진압해 잡귀를 물리치고 지역과 가정의 무사함을 빌던 마을 행사.

7. 해마다 사람이 죽은 날에 지내는 제사.

첫 글자 힌트 1. 소 3. 전 5. 식

221

050 정답

출발 ⇒

소	수	서	원	납	전
					문
					학
제					교
일					대
기	밟	신	지	민	식

1. 소수서원招修書院
국학 제도를 본떠 선현을 제사 지내고 유생들을 교육한, 경상북도 영주에 있는 우리나라 최초의 서원.

2. 원납전願納錢
흥선대원군이 경복궁 중건 비용을 마련하고자 거둔 기부금.

3. 전문학교專門學校
일제강점기 당시 중등학교 졸업생에게 전문교육을 행한 학교.

4. 교대식交代式
수문장 업무를 인수인계할 때 치르는 의식.

5. 식민지植民地
정치, 경제, 군사, 문화적으로 다른 나라에 예속되어 독립된 주권을 갖고 있지 않은 나라.

6. 지신밟기
음력 정초에 지신(땅귀신)을 진압해 잡귀를 물리치고 지역과 가정의 무사함을 빌던 마을 행사.

7. 기일제忌日祭
해마다 사람이 죽은 날에 지내는 제사.

소수서원

조선 중종 때인 1543년, 풍기 군수 주세붕은 평소 존경하던 고려 유학자 안향을 기리기 위해 사당을 만들고 영정을 모셨다. 이듬해에는 사당 앞에 향교 건물을 옮겨다 재실을 마련하고 선비들의 배움터로 삼았다. 그러고는 중국 학자 주자朱子의 백록동 학규白鹿洞學規를 후학들에게 가르쳤으니, 이로써 우리나라 최초의 서원書院이 탄생했다. 이 서원은 백운동서원白雲洞書院으로 불렸다.

백운동서원이 창건되고 5년이 지난 1548년 10월, 퇴계 이황이 풍기 군수로 부임했다. 이때 이황은 백운동서원을 우리나라 최초의 사액서원으로 만들었다. '사액賜額'은 임금이 사당이나 서원에 직접 이름을 지어주는 것을 말한다.

"백성을 교화하지 않으면 반드시 퇴폐합니다. 송나라 백록동서원 학규를 본받아 임금이 서원 이름을 짓고 편액을 써주십시오. 아울러 땅과 노비를 내려주시어 배우는 자들로 하여금 열심히 공부할 수 있게 조치해주십시오."

이황의 대략 이러한 상소에 임금이 화답해 '소수서원'이란 현판을 내려주었다. '소수紹修'는 '이미 무너져버린 교학을 다시 이어 닦게 한다(旣廢之學 紹而修之)'는 데서 나온 말로, 학문 부흥의 의지를 담은 이름이었다.

소수서원은 국가의 재정적 지원을 받는 교육기관으로 명성을 높였고, 다른 서원의 설립과 운영에 큰 영향을 끼쳤다. 이후 서원은 훌륭한 학자를 제사 지내고 학문을 가르치는 공간에 머물지 않고, 지방 사대부들이 모여 토론하는 정치적 공간으로까지 그 기능이 확대됐다.

051

출발 ➡

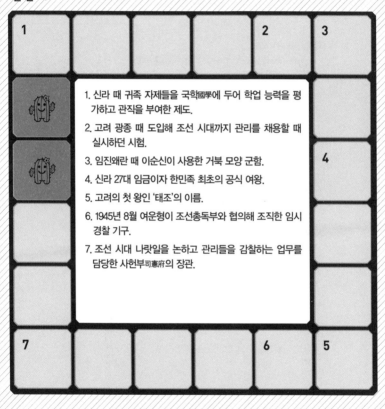

1				2	3
🌵					
🌵					4
7				6	5

1. 신라 때 귀족 자제들을 국학國學에 두어 학업 능력을 평가하고 관직을 부여한 제도.

2. 고려 광종 때 도입해 조선 시대까지 관리를 채용할 때 실시하던 시험.

3. 임진왜란 때 이순신이 사용한 거북 모양 군함.

4. 신라 27대 임금이자 한민족 최초의 공식 여왕.

5. 고려의 첫 왕인 '태조'의 이름.

6. 1945년 8월 여운형이 조선총독부와 협의해 조직한 임시 경찰 기구.

7. 조선 시대 나랏일을 논하고 관리들을 감찰하는 업무를 담당한 사헌부司憲府의 장관.

첫 글자 힌트 1. 독 3. 거 5. 왕

225

051 정답

출발 ➡

독	서	삼	품	과	거
					북
					선
헌					덕
사					여
대	안	치	국	건	왕

1. 독서삼품과讀書三品科
　신라 때 귀족 자제들을 국학에 두어 학업 능력을 평가하고 관직을 부여한 제도.

2. 과거科擧
　고려 광종 때 도입해 조선 시대까지 관리를 채용할 때 실시하던 시험.

3. 거북선
　임진왜란 때 이순신이 사용한 거북 모양 군함.

4. 선덕여왕善德女王(재위 632~647)
　신라 27대 임금이자 한민족 최초의 공식 여왕.

5. 왕건王建(재위 918~943)
　고려의 첫 왕인 '태조'의 이름.

6. 건국치안대建國治安隊
　1945년 8월 여운형이 조선총독부와 협의해 조직한 임시 경찰 기구.

7. 대사헌大司憲
　조선 시대 나랏일을 논하고 관리들을 감찰하는 업무를 담당한 사헌부의 장관.

독서삼품과

신라 원성왕 때인 788년, 골품제에 바탕을 둔 관리 채용이 아니라 학문 실력에 따라 인재를 발탁하고자 시행한 제도이다. 국학國學에 독서삼품과를 두어 학업 능력을 평가하고, 이에 따라 관직을 부여했다. 요컨대 관리 채용을 위한 일종의 국가시험 제도로서, 독서출신과讀書出身科라고도 한다. 여기서 '독서'는 유교 경전 가운데 읽은 책, '품'은 등급을 의미하며, 독서 성적에 따라 상·중·하 3등급으로 나눠 채용했다.

3품에서 수준이 가장 낮은 하품下品은 〈곡례〉, 《효경》을 읽은 사람, 중간인 중품中品은 〈곡례〉, 《효경》에 《논어》까지 읽은 사람, 가장 높은 수준의 상품上品은 《효경》, 《논어》에 《춘추좌씨전》, 《예기》, 《문선》을 더 읽어 그 뜻에 능통한 사람을 일컫는다. 특히 오경과 삼사(《사기》, 《한서》, 《후한서》), 제자백가 서적까지 달통한 사람은 특품特品으로 특별 채용했다.

독서삼품과는 태생적으로 귀족인 사람들만 관리로 뽑던 불합리한 제도에서 벗어나, 신분에 상관없이 개인 능력에 따라 관리를 뽑은 제도라는 점에서 의의가 있다.

과거

관리를 뽑을 때 그 지망자를 대상으로 치른 시험을 말한다. '과科'는 과정科程 또는 등제等第를 뜻하고, '거擧'는 선발選拔 곧 취사取士의 뜻이다. 따라서 과거는 관리를 등용하기 위한 자격시험 제도를 의미한다.

우리나라는 고려 광종 때인 958년 중국에서 온 귀화인 쌍기雙冀의 건의를 받아들여 시행했다. 고려 초기에는 예비 시험인 학교시가 생략되곤 했으나, 고려 말기인 1369년에 이르러 원나라 제도를 모방한 향시鄕試, 복시覆試, 전시殿試의 3층제로 바뀌었다. 과거 시험관을 지공거知貢擧라고 하고 합격자를 문생門生이라고 부르는데, 둘의 관계는 부자지간과 같아 평생 동안 지속됐으며, 그들 사이에 학벌이 형성되었다.

조선 시대에도 나름대로 과거제를 채택해 운영했다. 공정하게 채점하려고 노력했으며, 시험에서 가장 우수한 성적을 거둔 자의 답권答券(답안지)은 다른 답권의 제일 위에 얹어놓는 관습이 있었다. 이는 다른 답권을 누를 만큼 우수하다는 뜻이었다. 여기에서 '가장 뛰어난 것'을 의미하는 '압권壓卷'이란 말이 유래되었다.

과거제는 시대에 따라 부분적으로 다듬어지면서 조선 후기까지 계속될 정도로 인재 선발에 큰 역할을 했다.

052

출발 ➡

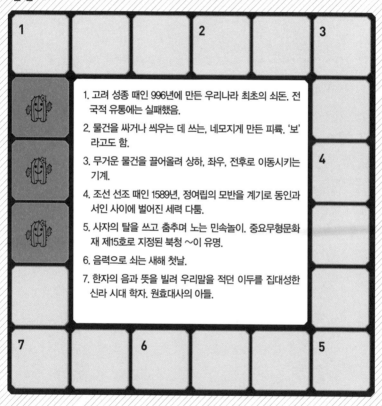

1. 고려 성종 때인 996년에 만든 우리나라 최초의 쇠돈. 전국적 유통에는 실패했음.

2. 물건을 싸거나 씌우는 데 쓰는, 네모지게 만든 피륙. '보'라고도 함.

3. 무거운 물건을 끌어올려 상하, 좌우, 전후로 이동시키는 기계.

4. 조선 선조 때인 1589년, 정여립의 모반을 계기로 동인과 서인 사이에 벌어진 세력 다툼.

5. 사자의 탈을 쓰고 춤추며 노는 민속놀이. 중요무형문화재 제15호로 지정된 북청 ~이 유명.

6. 음력으로 쇠는 새해 첫날.

7. 한자의 음과 뜻을 빌려 우리말을 적던 이두를 집대성한 신라 시대 학자. 원효대사의 아들.

1 2 3 4 5 6 7

첫 글자 힌트 1. 건 3. 기 5. 사

052 정답

1. 건원중보乾元重寶
고려 성종 때인 996년에 만든 우리나라 최초의 쇠돈. 전국적 유통에는 실패했다.

2. 보자기
물건을 싸거나 씌우는 데 쓰는, 네모지게 만든 피륙. '보'라고도 한다.

3. 기중기起重機
무거운 물건을 끌어올려 상하, 좌우, 전후로 이동시키는 기계.

4. 기축옥사己丑獄死
조선 선조 때인 1589년, 정여립의 모반을 계기로 동인과 서인 사이에 벌어진 세력 다툼.

5. 사자놀음
사자의 탈을 쓰고 춤추며 노는 민속놀이. 중요무형문화재 제15호로 지정된 북청 사자놀음이 유명하다.

6. 음력설
음력으로 쇠는 새해 첫날.

7. 설총薛聰
한자의 음과 뜻을 빌려 우리말을 적던 이두를 집대성한 신라 시대 학자. 원효대사의 아들.

기축옥사

'기축년(1589)에 일어난 옥사'라는 뜻이다. '옥사'는 반역이나 살인 따위의 중범죄를 다스린 사건을 말한다. 주모자 정여립의 이름을 따 '정여립의 옥사'라고도 부른다.

1567년 선조가 즉위한 뒤 정국을 장악한 사림 세력은 동인과 서인으로 나뉘어 대립했다. 율곡 이이는 양쪽의 조화를 주장하다 서인의 우두머리가 되었다. 유학자로서 명성 높은 이이가 죽은 후, 선조는 서인을 견제하면서 동인을 등용했다. 양쪽을 저울질하며 왕권을 강화하기 위함이었다.

동인이 집권했을 때, 이이의 추천으로 관직에 오른 정여립이 이이를 비판했다. 그러자 서인이 정여립을 집중적으로 공격했고, 선조는 은혜도 모르고 후원자를 비판한 배신자라면서 정여립을 파직하고 내쫓았다.

정여립은 전라도로 낙향해 진안 죽도에 서실을 짓고, 사람들을 모아 강론을 펴고 활동하면서 대동계를 조직했다. '대동계'는 한마을 구성원 전체가 서로 돕고 사는 것을 목적으로 하는 모임을 이른다. 신분에 관계없이 누구나 가입할 수 있었고 보름마다 한 번씩 모여 무술 훈련을 했다.

1587년 왜구가 전라도에 침입해오자 정여립은 대동계원을 이끌고 나가 싸워 물리쳤다. 정여립은 안악, 해주 등의 다른 지역과 연계해 대동계 조직을 황해도까지 확대했다. 관직에서 물러났지만 정여립의 영향력은 대단했다.

대동계의 규모가 커지자 그런 움직임을 불안한 시선으로 바라보는 사람이 생겨났다. 1589년 정여립이 역모를 꾸미고 있다는 고변告變이 임금에게 전해졌다.

선조는 즉각 정여립을 비롯한 관련자들을 모두 잡아들여 사실을 밝혀내라고 명했다. 선조는 당시 서인의 우두머리지만 관직에서 물러나 있던 정철을 수사 책임자인 위관委官에 임명했다. 정여립 모반 사건을 처리하게 하면서 자연스레 집권 세력인 동인을 약화시키기 위한 전략이었다.

수사가 시작되면서 엄청난 피바람이 불었다. 명확한 증거는 없었다. 그렇지만 정여립과 친분 있는 사람들은 모진 고문을 받고 죽어갔으며, 정여립은 포위망이 좁혀들자 스스로 목숨을 끊었다. 이 사건에 연루되어 숙청된 사람은 무려 1,000여 명에 이르렀다.

이로써 동인 세력은 크게 약해졌으며, 전라도는 반역향이라는 누명을 쓰면서 한동안 호남인 관리 등용이 제한되었다.

053

출발 ➡

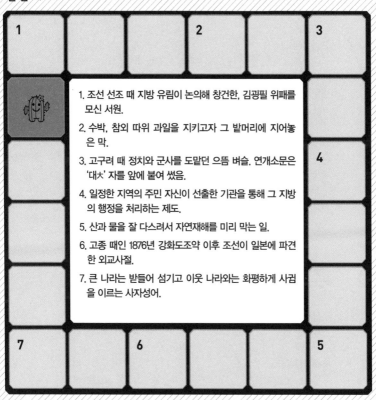

1			2		3

1. 조선 선조 때 지방 유림이 논의해 창건한, 김굉필 위패를 모신 서원.

2. 수박, 참외 따위 과일을 지키고자 그 밭머리에 지어놓은 막.

3. 고구려 때 정치와 군사를 도맡던 으뜸 벼슬. 연개소문은 '대大' 자를 앞에 붙여 썼음.

4. 일정한 지역의 주민 자신이 선출한 기관을 통해 그 지방의 행정을 처리하는 제도.

5. 산과 물을 잘 다스려서 자연재해를 미리 막는 일.

6. 고종 때인 1876년 강화도조약 이후 조선이 일본에 파견한 외교사절.

7. 큰 나라는 받들어 섬기고 이웃 나라와는 화평하게 사귐을 이르는 사자성어.

7		6		5	

첫 글자 힌트 1. 도 3. 막 5. 치

053 정답

출발 ➡

도	동	서	원	두	막
					리
린					지
교					방
대					자
사	신	수	치	산	치

1. 도동서원道東書院
조선 선조 때 지방 유림이 논의해 창건한, 김굉필 위패를 모신 서원.

2. 원두막
수박, 참외 따위 과일을 지키고자 그 밭머리에 지어놓은 막.

3. 막리지莫離支
고구려 때 정치와 군사를 도맡던 으뜸 벼슬. 연개소문은 '대大' 자를 앞에 붙여 썼다.

4. 지방자치地方自治
일정한 지역의 주민 자신이 선출한 기관을 통해 그 지방의 행정을 처리하는 제도.

5. 치산치수治山治水
산과 물을 잘 다스려서 자연재해를 미리 막는 일.

6. 수신사修信使
고종 때인 1876년 강화도조약 이후 조선이 일본에 파견한 외교사절.

7. 사대교린事大交隣
큰 나라는 받들어 섬기고 이웃 나라와는 화평하게 사귐을 이르는 사자성어.

도동서원

조선오현朝鮮五賢(김굉필, 정여창, 조광조, 이언적, 이황) 가운데 한 명인 한훤당寒暄堂 김굉필金宏弼의 학문과 덕행을 추모하고자 1568년 건립한 서원이다. 임진왜란 때 불탔지만 1604년 다시 지어져 보로동서원으로 불리다가, 1610년 도동서원으로 사액되었다. '도동'은 '성리학의 도道가 동쪽으로 왔다'라는 뜻이며, 김굉필이 그만큼 성리학의 대가였음을 이르는 말이다. 도동서원은 1871년 흥선대원군의 전국 서원 철폐령에도 무사했던 전국 47개 주요 서원 가운데 하나이다.

김굉필은 어떤 인물일까? 김종직 문하에서《소학小學》을 배우고 일생 동안 손에서 놓지 않은 것으로 유명하다.《소학》은 중국의 성현 주자가 제자 유청지에게 어린이들을 학습시킬 수 있는 내용의 서적을 편집하게 하고, 그 자신이 직접 고쳐 다듬은 책이다. 유교적 윤리 사상을 담고 있으며, 완전한 인간이 되기 위해 사람이 갖춰야 할 기본적인 마음과 태도를 설명하고 있다.

김굉필은《소학》의 내용을 익혀 실천함으로써 '소학 동자'

라는 별명을 얻었으며, 제자들에게도 《소학》의 생활화를 강조했다. 김굉필은 벼슬이 형조 좌랑에 이르렀으나 1498년 훈구파가 사림파를 제거하고자 일으킨 무오사화 때 김종직 문하라는 이유로 평안도 희천에 유배됐다. 이때 조광조를 제자로 두어 《소학》을 비롯한 여러 학문을 가르쳤다. 이후 1504년 갑자사화가 일어나자 무오당인戊吾黨人이라는 죄목으로 죽임을 당했으며, 중종반정 뒤에야 억울함이 밝혀지고 우의정에 추증되었다.

김굉필은 자신에게는 도덕적으로 엄격하지만 타인에게는 도량이 넓고 인격이 높아 많은 사람에게서 존경을 받았다. 성리학 시조인 주자가 제자와 함께 지은 《소학》을 평생 실천했기에, '성리학의 도가 동쪽으로 왔다'라는 평가를 받았다. 그의 제자 조광조 역시 《소학》을 바탕에 두고 도덕적으로 완벽하게 처신을 했다. 두 사람이 함께 조선오현으로 추앙받고 있다.

원두막

《조선왕조실록》 영조 즉위년(1724) 기록을 보면, '산릉山陵의 원두園頭'라는 말이 나온다. 여기서 '원두'는 기르는 과일을 지키려고 산릉 밭머리에 지은 막을 이른다. 왕실 제사를 위해

서과西瓜(수박)와 진과眞瓜(참외)를 재배했는데, 당시에 귀한 과일이었기에 도난을 막고자 세운 감시 초소가 원두이다. 원두는 나중에 원두막으로 바뀌었고, 일반 농가에서 기르는 과일을 지키려고 밭머리에 지은 막을 이르는 말로 쓰이게 되었다.

수신사

1876년 2월 27일 조선과 일본 사이에 체결된 조일수호조규朝日修好條規에 따르면, 일본 정부는 15개월 뒤 수시로 서울에 사절을 파견해 교제 사무를 상의할 수 있고 6개월 이내에 양국은 위원을 파견해 수호조규 부록을 체결할 것을 규정하고 있다.

일본은 먼저 조선에 사절을 파견한 다음 그 답례로 자국에도 사절을 파견해달라고 요청했다. 여기에는 파견 온 사절단을 잘 우대해 자기 편으로 만들려는 속셈이 숨어 있었다.

조선은 1876년 4월 김기수를 수신사로 한 일행 76명을 파견했다. '수신사'는 '믿음에 따라 교환하는 사신'이란 뜻이다. 일본은 수신사 일행에게 서양 문명을 받아들여 발전된 일본 시설을 보여주었고, 일본 측 예상대로 김기수의 인식이 크게 바뀌었다. 김기수는 일본의 개화 문물에 대해 긍정적 관점으로 보고서를 작성했다.

　조선은 1880년 5월 김홍집을 수신사로 또 파견했고, 김홍집 일행도 귀국한 후 일본을 본받아 서양 여러 나라와 교류해야 한다고 주장했다. 일본을 다녀온 수신사는 애국하는 마음으로 개화 정책을 추진했지만, 결과적으로 일본에 이용당한 꼴이 되었다. 어쨌든 수신사는 당시 조선 지배층에게 개화의 필요성을 느끼게 만들었다.

054

출발 ➡

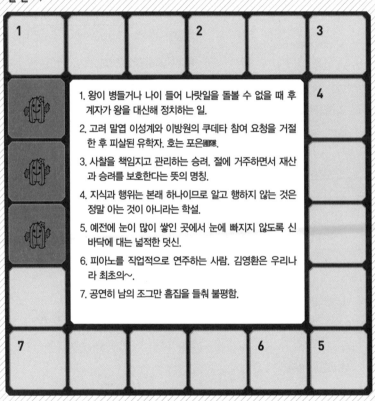

1			2		3
					4
7				6	5

1. 왕이 병들거나 나이 들어 나랏일을 돌볼 수 없을 때 후계자가 왕을 대신해 정치하는 일.
2. 고려 말엽 이성계와 이방원의 쿠데타 참여 요청을 거절한 후 피살된 유학자. 호는 포은圃隱.
3. 사찰을 책임지고 관리하는 승려. 절에 거주하면서 재산과 승려를 보호한다는 뜻의 명칭.
4. 지식과 행위는 본래 하나이므로 알고 행하지 않는 것은 정말 아는 것이 아니라는 학설.
5. 예전에 눈이 많이 쌓인 곳에서 눈에 빠지지 않도록 신바닥에 대는 넓적한 덧신.
6. 피아노를 직업적으로 연주하는 사람. 김영환은 우리나라 최초의~.
7. 공연히 남의 조그만 흠집을 들춰 불평함.

₩ 첫 글자 힌트 1. 대 3. 주 5. 설

054 정답

출발 ➡

1. 대리청정代理聽政
왕이 병들거나 나이 들어 나랏일을 돌볼 수 없을 때 후계자가 왕을 대신해 정치를 하는 일.

2. 정몽주鄭夢周(1337~1392)
고려 말엽 이성계와 이방원의 쿠데타 참여 요청을 거절한 후 피살된 유학자. 호는 포은圃隱.

3. 주지主持
사찰을 책임지고 관리하는 승려. 절에 거주하면서 재산과 승려를 보호한다는 뜻의 명칭.

4. 지행합일설知行合一說
지식과 행위는 본래 하나이므로 알고 행하지 않는 것은 정말 아는 것이 아니라는 학설.

5. 설피雪皮
예전에 눈이 많이 쌓인 곳에서 눈에 빠지지 않도록 신바닥에 대어 신은 넓적한 덧신.

6. 피아니스트
피아노를 직업적으로 연주하는 사람. 김영환은 우리나라 최초의 피아니스트이다.

7. 트집
공연히 남의 조그만 흠집을 들춰 불평함.

대리청정

섭정攝政, 수렴청정垂簾聽政, 대리청정 등의 용어는 임금이 사정이 있어 직접 통치할 수 없을 때 누군가 대신해 통치권을 행사하는 일을 말한다.

'섭정'은 즉위한 임금이 어리거나 너무 늙었을 때, 또는 국가가 어려울 때 왕 대신 국정을 처리하던 일이나 사람을 일컫는 표현이다. 보통 섭정은 세 가지로 구분된다. 왕세자에 의한 섭정은 대리청정, 대비大妃 등의 왕실 여자에 의한 섭정은 수렴청정, 신하에 의한 섭정은 섭정승攝政丞이라고 했다.

조선 초기 단종이 11세 나이로 즉위했을 때 정승 김종서와 황보인이 나랏일을 대신 처리한 적이 있고, 조선 말기 고종이 역시 11세 나이로 즉위했을 때 아버지 흥선대원군이 10년 동안 권력을 독점하기도 했다.

조선 4대 왕 세종은 왕세자(훗날 문종)에게 섭정을 시킨 바 있으며, 21대 왕 영조도 한때 사도세자로 하여금 섭정하게 한 일이 있다. 이런 경우가 대리청정이다.

정몽주

고려 말기인 1360년 문과에 장원으로 급제했다. 관리로서 지방 관리의 잘못을 고치려 애썼고, 의창義倉(흉년에 대비해 곡식을 저장해두는 기관)을 세워 가난한 사람들을 구제했으며, 불교의 폐해를 없애고자 유학儒學을 보급하는 데 앞장선다.

1367년 성균박사에 임명됐다. 당시 고려에 들어온 유교 경전은 《주자집주朱子集註》뿐이었는데, 정몽주가 유창하게 강의해 사람들을 놀라게 했다. 유학 보급에 먼저 앞장섰던 이색은 "정몽주가 이치를 말한 것은 모두 사리에 맞는다"면서 그를 우리나라 성리학의 시조로 평가했다. 그는 단지 이론에만 능한 것이 아니라 《주자가례朱子家禮》를 따라 사회윤리와 도덕 합리화를 추구하는 솔선수범의 자세를 보였다.

정몽주는 외교정책과 군사정책에도 관여해 기울어가는 고려의 국운을 바로잡고자 노력했으나 이성계의 신흥 세력에 꺾이고 말았다. 시문에 능해 많은 한시漢詩를 남겼으며, 서화에도 뛰어났다. 조선 건국에 동참하자는 이방원의 〈하여가何如歌〉에 거절의 뜻을 나타낸, "이 몸이 죽고 죽어"로 시작되는 시조 〈단심가丹心歌〉는 특히 유명하다.

출발 ➡

1		2			3
					4
7			6		5

1. 정조 원년(1776)에 설치해 역대 임금의 글, 글씨, 보감 등을 보관하고 관리하던 도서관.

2. 아이들이 각시 인형을 갖고 노는 민속놀이.

3. 우주나 인간 사회 현상을 음양의 두 기운과 수水·화火·목木·금金·토土의 5행에 따라 설명하는 이론.

4. (주로 성직자가) 종교 교리를 설명하는 일.

5. 초 · 중 · 고교에서 정규 과목 주 교재로 쓰는 책. 조선시대 서당의 교재도 ~이라고 할 수 있음.

6. 조선 숙종 때 문신 서포 김만중이 지은 책.

7. 크고 작은 섬들로 이루어진 나라. 수도는 마닐라. 조선시대 표기는 비율빈比律賓

첫 글자 힌트 1. 규 3. 음 5. 교

243

055 정답

1. 규장각奎章閣
정조 원년(1776)에 설치해 역대 임금의 글, 글씨, 보감 등을 보관하고 관리하던 도서관.

2. 각시놀음
아이들이 각시 인형을 갖고 노는 민속놀이.

3. 음양오행설陰陽五行說
우주나 인간 사회 현상을 음양의 두 기운과 수·화·목·금·토의 5행에 따라 설명하는 이론.

4. 설교說敎
(주로 성직자가) 종교 교리를 설명하는 일.

5. 교과서敎科書
초·중·고교에서 정규 과목 주 교재로 쓰는 책. 조선 시대 서당의 교재도 일종의 교과서이다.

6. 서포만필西浦漫筆
조선 숙종 때 문신 서포 김만중이 지은 책.

7. 필리핀
크고 작은 섬들로 이루어진 나라. 수도는 마닐라. 조선 시대 표기는 비율빈比律賓.

규장각

조선 후기 어제御製를 보관하던 관청을 일컫는다. '어제'는
임금이 몸소 지은 글이나 만든 물건을 이르는 말이다. 정조는
1776년 즉위한 다음 날 어제 봉안奉安의 장소로 마련했던 규
장각을 궁궐 전용 도서관으로 만들었다. 역대 왕의 문서, 서
적과 더불어 중국에서 보내온 책들을 모아 보관하게 했다.

정조는 건물을 하나 더 지어 외규장각外奎章閣이라 명명하
고, 능력 있는 신하들을 각신閣臣(규장각에 근무하는 관원)으로
선발해 많은 녹봉을 주고 연구에 몰두하도록 배려했다. 이가
환, 정약용 등이 이때 선발됐으며, 정조는 이들과 수시로 정
치와 학문에 대해 토론했다. 이처럼 정조는 당파 인물을 멀리
하고 유능한 신진 인재를 키워 자신의 정치 세력으로 삼으면
서 나라의 부흥을 꾀했다.

정조는 재위 기간 내내 각신들과 어울리면서 개혁에 동조
하는 세력을 모았고, 개혁 정치를 뒷받침하거나 실행하게끔
했다. 따라서 정조 시절의 규장각은 단순한 왕실 도서관을 넘
어서 국왕 비서실과 정책 연구 기관의 기능까지 지녔었다. 세

종대왕이 집현전 학사들과 조선의 전성시대를 열었다면, 정조
는 규장각 각신들과 함께 조선의 부흥 시대를 열었던 셈이다.

하지만 정조가 붕어한 후 규장각은 기능이 축소되어 왕실
의 도서 관리만 맡았다.

출발 ➡

| 1 | | 2 | | | 3 |

1. 조선 후기 국가 재정을 보충하고자 부유층에게 팔았던 명예직 임명장.

2. 겹겹으로 덮인 산속을 이르는 사자성어.

3. 1506년 성희안, 박원종 등이 연산군을 폐하고 진성대군을 왕으로 추대한 사건.

4. 조선 초기 한글 창제 및 역사, 천문, 아악 등 각종 제도 정비에 기여한 문신. 호는 학역재學易齋.

5. 19세기 말엽 종두법으로 천연두 환자를 구했고, 한글 보급에 앞장섰던 의사이자 국어학자.

6. 조선 14대 왕 선조의 적자嫡子였으나 광해군에게 죽임을 당한 비운의 왕족.

7. 여러 영웅이 각 지역을 차지하고 서로 세력을 다툼을 일컫는 말.

| 7 | | | 6 | | 5 |

첫 글자 힌트 1. 공 3. 중 5. 지

출발 ➡

공	명	첩	첩	산	중
					종
거					반
할					정
웅					인
군	대	창	영	석	지

1. 공명첩空名帖
조선 후기 국가 재정을 보충하고자 부유층에게 팔았던 명예직 임명장.

2. 첩첩산중疊疊山中
겹겹으로 덮인 산속을 이르는 사자성어.

3. 중종반정中宗反正
1506년 성희안, 박원종 등이 연산군을 폐하고 진성대군을 왕으로 추대한 사건.

4. 정인지鄭麟趾(1396~1478)
조선 초기 한글 창제 및 역사, 천문, 아악 등 각종 제도 정비에 기여한 문신. 호는 학역재學易齋.

5. 지석영池錫永(1855~1935)
19세기 말엽 종두법으로 천연두 환자를 구했고, 한글 보급에 앞장섰던 의사이자 국어학자.

6. 영창대군永昌大君(1606~1614)
조선 14대 왕 선조의 적자, 즉 정비의 아들이었으나 광해군에게 죽임을 당한 비운의 왕족.

7. 군웅할거群雄割據
여러 영웅이 각 지역을 차지하고 서로 세력을 다툼을 일컫는 말.

중종반정

연산군은 무오사화와 갑자사화로 많은 선비를 죽이거나 귀양 보냈고, 난폭한 정치로 양반과 백성을 불안하게 만들었다. 연산군의 광포한 정치가 계속되자 임금을 바꿔야 한다는 여론이 일었고, 1506년 성희안, 박원종 등이 연산군을 폐하고 진성대군을 새 임금으로 추대하는 쿠데타를 일으켰다.

그런데 이 거사는 자칫 실패할 뻔했다. 쿠데타 세력이 연산군의 지방 유람 일정에 맞춰 거사를 도모하려 했는데, 행사 당일 연산군이 갑작스럽게 일정을 취소했기 때문이다. 쿠데타 세력은 계획을 밀어붙였고, 마침내 궁궐을 장악했다.

성희안 등은 백관을 거느리고 궁중에 들어가 윤대비尹大妃의 하명을 받아 연산군을 폐하고 진성대군을 왕으로 옹립했다.

진성대군은 아내 신씨와 같이 왕궁으로 들어가 조선 11대 왕 중종으로 즉위했다. 그런데 중종의 아내 신씨 부인은 역적(쿠데타 가담을 거부한 죄인) 신수근의 딸이라 해서 8일 만에 왕궁 밖으로 쫓겨났으며, 왕은 장경왕후 윤씨를 새로운 정실 부인으로 맞이했다.

이를 '중종반정'이라고 한다. '반정'은 옳지 못한 임금을 폐위하고 새 임금을 세워 나라를 바로잡는 일을 뜻하는 말이다. 중종은 성종의 둘째 아들이자 연산군의 배다른 동생이었기에 폭군을 몰아낸 뒤 왕으로 추대됐다.

지석영

조선 후기 의학자 지석영은 개혁 사상가들과 어울리며 서양 의학 번역서들을 읽다가, 제너가 발견한 우두 접종법에 큰 관심을 갖게 되었다. 1879년 천연두가 전국에 퍼져 많은 어린이들이 목숨을 잃거나 얼굴이 얽는 상황이 벌어졌다.

'한의학만으론 천연두로부터 어린 생명을 구할 수 없구나.'

지석영은 종두법을 제대로 익혀 아이들을 구하려고, 부산까지 20일이나 걸어가서 일본인 군의관에게 종두법을 배웠다. 그해 12월 종두를 얻어 서울로 돌아오던 길에 처가인 충주에 들러 어린 처남과 마을 어린이 40여 명에게 접종했다.

지석영은 이듬해 수신사 수행원으로 일본에 가서 두묘 제조 기술을 배웠고, 서울로 돌아와 종두장을 만들었다. 그리고 나라가 혼란스러운 상황에서도 종두법 연구에 전념했으며, 자신이 알아낸 종두법을 널리 알리고자 1885년 《우두신설》 이란 책을 펴냈다.

출발 ➡

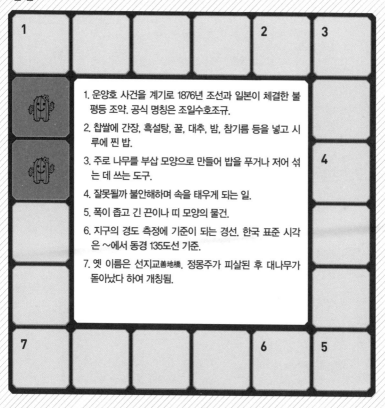

1				2	3
(선인장)					
(선인장)					4

1. 운양호 사건을 계기로 1876년 조선과 일본이 체결한 불평등 조약. 공식 명칭은 조일수호조규.

2. 찹쌀에 간장, 흑설탕, 꿀, 대추, 밤, 참기름 등을 넣고 시루에 찐 밥.

3. 주로 나무를 부삽 모양으로 만들어 밥을 푸거나 저어 섞는 데 쓰는 도구.

4. 잘못될까 불안해하며 속을 태우게 되는 일.

5. 폭이 좁고 긴 끈이나 띠 모양의 물건.

6. 지구의 경도 측정에 기준이 되는 경선. 한국 표준 시각은 ~에서 동경 135도선 기준.

7. 옛 이름은 선지교善地橋. 정몽주가 피살된 후 대나무가 돋아났다 하여 개칭됨.

7				6	5

첫 글자 힌트 1. 강 3. 밥 5. 리

251

057 정답

출발 ➡

강	화	도	조	약	밥
					주
					걱
교					정
죽					거
선	오	자	초	본	리

1. 강화도조약江華島條約
운양호 사건을 계기로 1876년 조선과 일본이 체결한 불평등 조약. 공식 명칭은 조일수호조규.

2. 약밥
찹쌀에 간장, 흑설탕, 꿀, 대추, 밤, 참기름 등을 넣고 시루에 찐 밥.

3. 밥주걱
주로 나무를 부삽 모양으로 만들어 밥을 푸거나 저어 섞는 데 쓰는 도구.

4. 걱정거리
잘못될까 불안해하며 속을 태우게 되는 일.

5. 리본
폭이 좁고 긴 끈이나 띠 모양의 물건.

6. 본초자오선本初子午線
지구의 경도 측정에 기준이 되는 경선. 한국 표준 시각은 본초자오선에서 동경 135도선 기준.

7. 선죽교善竹橋
옛 이름은 선지교. 정몽주가 피살된 후 대나무가 돋아났다 하여 이 이름으로 개칭되었다.

강화도조약

1875년 5월 일본은 해안을 측량한다는 이유를 둘러대며 부산 앞바다로 군함 세 척을 파견하고는 훈련을 핑계로 함포를 쏘았다. 조선에 대한 1차 군사 도발이었다. 그리고 9월 19일 다시 운양호를 강화도 앞바다로 보내 자신들의 각본대로 공격했다. 강화도는 병인양요(1866년 프랑스군 침입)와 신미양요 (1871년 미국 함대 침입) 이후 낯선 배를 늘 경계해왔기에 조선 병사들은 즉시 응징에 나섰다.

하지만 조선군은 적국 군함 단 한 척의 공격에 무너지고 말았다. 신식 무기를 갖추고 잘 훈련된 일본군을 당할 수 없었다. 일본은 자신들이 먼저 공격해왔으면서도 마치 자신들이 피해를 입은 것처럼 조선에게 이렇게 요구했다.

"빨리 잘못을 사과하고, 일본 배들이 조선 바다를 자유롭게 항해할 수 있도록 허용하고, 강화도 부근 항구를 열어라."

일본은 군함을 여러 차례 파견해 계속 위협하면서 개항을 강요했는데, 1854년 미국에게서 개항을 강요당한 자국의 경험을 그대로 적용한 것이었다.

그 무렵 군사적으로 대응할 힘이 없던 조선은 결국 1876년 2월 27일 강화도조약을 마지못해 체결했다. 그해가 병자년이기에 '병자수호조약'이라고도 한다. 이는 매우 불평등한 조약으로 이후 일본인들이 조선에서 탈법을 저지르게 만들었을 뿐 아니라 조선 정부는 미국과 영국 등 다른 나라의 무리한 요구를 감수해야 하는 곤경에 빠지고 말았다.

본초자오선

경도經度의 기준이 되는 경도 0도의 자오선을 이르는 말이다. 1884년 미국 워싱턴에서 열린 국제회의에서 영국 그리니치 천문대를 지나는 자오선을 경도의 본초자오선으로 결정했다. 또 1935년부터 이 자오선을 기준으로 하는 그리니치시時가 세계 표준시로서 국제적 시간 계산에 쓰였다.

그리니치 본초자오선을 기준으로 삼아 동서 방향으로 자오선 경도가 정해진다. 한반도는 동경 124~132도 사이이고 서울시청은 동경 127도에 있다. 15도는 한 시간 차이가 난다.

우리나라는 1910년 일본 식민지로 전락하면서 도쿄의 동경 135도를 표준자오선으로 썼다. 그래서 도쿄의 동경과 8도 (135-127=8) 차이로 대략 30분의 시간 차이가 나지만, 지금도 동경 135도를 관행으로 쓰고 있다.

058

출발 ➡

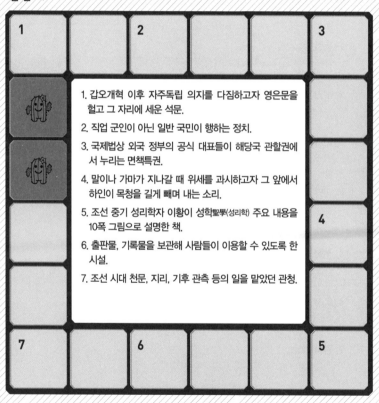

| 1 | | 2 | | | 3 |

1. 갑오개혁 이후 자주독립 의지를 다짐하고자 영은문을 헐고 그 자리에 세운 석문.
2. 직업 군인이 아닌 일반 국민이 행하는 정치.
3. 국제법상 외국 정부의 공식 대표들이 해당국 관할권에서 누리는 면책특권.
4. 말이나 가마가 지나갈 때 위세를 과시하고자 그 앞에서 하인이 목청을 길게 빼며 내는 소리.
5. 조선 중기 성리학자 이황이 성학聖學(성리학) 주요 내용을 10폭 그림으로 설명한 책.
6. 출판물, 기록물을 보관해 사람들이 이용할 수 있도록 한 시설.
7. 조선 시대 천문, 지리, 기후 관측 등의 일을 맡았던 관청.

| 7 | | 6 | | | 5 |

첫 글자 힌트 1. 독 3. 치 5. 성

058 정답

출발 ➡

독	립	문	민	정	치
					외
					법
감					권
상					마
관	서	도	십	학	성

1. 독립문獨立門
갑오개혁 이후 자주독립 의지를 다짐하고자 영은문을 헐고 그 자리에 세운 석문.

2. 문민정치文民政治
직업 군인이 아닌 일반 국민이 행하는 정치.

3. 치외법권治外法權
국제법상 외국 정부의 공식 대표들이 해당국 관할권에서 누리는 면책특권.

4. 권마성勸馬聲
말이나 가마가 지나갈 때 위세를 과시하고자 그 앞에서 하인이 목청을 길게 빼며 내는 소리.

5. 성학십도聖學十圖
조선 중기 성리학자 이황이 성학의 주요 내용을 10폭 그림으로 설명한 책.

6. 도서관圖書館
출판물, 기록물을 보관해 사람들이 이용할 수 있도록 한 시설.

7. 관상감觀象監
조선 시대 천문, 지리, 기후 관측 등의 일을 맡았던 관청.

독립문

'독립'은 '남에 의존하거나 속박당하지 않는다' 또는 '나라가 완전한 자주권을 갖는다'는 뜻이다. 1896년 4월 7일 〈독립신문〉을 창간한 서재필은 독립문 건축에도 앞장섰다. 그는 영은문迎恩門을 당장 없애야 한다고 주장했다. 영은문은 중국 사신을 맞이하기 위해 세운 문으로, 조선 시대에 중국 사신이 황제 칙서를 가지고 오는 중국 사신을 국왕이 친히 나가서 기다려야 하는 장소였다.

우여곡절 끝에 독립문은 1897년 11월 20일 완공되었다.

독립문의 건축 양식은 프랑스 파리의 개선문을 모방했다. 독립문 설립을 추진하던 무렵 서재필이 갖고 있던 화첩에 개선문 사진이 있었던 것이다. 독립문은 파리의 개선문을 본떠 만들었지만, 우리나라 전통 기법으로 기둥 석재를 성벽처럼 쌓았다. 이에 비해 홍예문 좌우의 받침기둥, 모서리 귓돌, 꼭대기 난간은 서양식을 따랐다. 독립문이 동서양의 기법이 혼합된 모습인 이유가 여기에 있다.

독립문 앞에 있는 기둥 두 개는 영은문의 주춧돌이다. 영은

문의 흔적을 남김으로써 독립문의 의미를 되새기고자 한 것이다.

권마성

"물렀거라……! 썩 치었거라……!"

권마성은 본래 임금이 나들이할 때 사복시司僕寺 거덜이 큰 소리로 외치는 호령이었다. '사복시'는 가마와 말을 맡아보는 관청이고, 거기에 소속된 '거덜'은 궁중 행차가 있을 때 벙거지를 쓴 채 앞장서서 길을 트는 일을 맡은 하인이다. 그 하인이 목청을 길게 빼며 길에서 비키라고 외치는 소리가 권마성인 것이다.

거덜은 행차에 위엄을 더하면서 잡인을 막고자 위세당당하게 아주 높고 긴 소리를 수시로 냈다. 사람들은 권마성을 들으면 걸음을 멈추고 바닥에 엎드려 가마가 지나가기를 기다렸다. 거덜은 비록 하찮은 직책이나 늘 큰 소리로 사람들을 몰아세우다보니 우쭐거리며 몸을 흔들고 다녔다. 그런 꼴에서 '신 나서 잘난 체하며 함부로 거만하게 행동하다'라는 뜻의 '거들먹거리다'와 '거들먹대다'라는 말이 생겼다. 또한 거덜은 몸을 흔들거리고 다녔지만 실상 처지는 별 볼 일 없었다. 그래서 빈털터리가 된 사람을 '거덜 나다'라고 했다.

059

출발 ➡

			2	3
1				

1. 1881년 이만손을 중심으로 많은 경상도 유생들이 정부 개화 정책에 반대해 올린 상소문.

2. 삼한 시대 각 고을에서 방울과 북을 단 큰 나무를 세우고 천신에게 제사를 드리던 곳.

3. 신라 말엽 승려이며, 고려 태조에게 큰 영향을 끼친 풍수지리설의 대가.

4. 이치를 먼저 알고 나서 실천할 수 있다며, 앎(知)의 중요성을 강조한 학설.

5. '눈 속의 소나무와 잣나무'라는 뜻으로, 높고 굳은 절개를 비유적으로 이르는 사자성어.

6. 조선 시대 지방 유생의 학업을 장려하고자 시문으로 시험 보던 일. 글 짓는 솜씨 겨루는 대회.

7. 군사 1만 명을 모아 청해진을 설치하고 해적을 소탕한 후 바다를 장악한 신라 장군.

| 7 | | 6 | | | 5 |

첫 글자 힌트 1. 영 3. 도 5. 설

059 정답

출발 ➡

영	남	만	인	소	도
					선
					지
고					후
보					행
장	일	백	송	중	설

1. 영남 만인소嶺南萬人疏
1881년 이만손을 중심으로 경상도 유생들이 정부 개화 정책에 반대해 올린 상소문.

2. 소도蘇塗
삼한 시대 각 고을에서 방울과 북을 단 큰 나무를 세우고 천신에게 제사를 드리던 곳.

3. 도선道詵(827~898)
신라 말엽 승려이며, 고려 태조에게 큰 영향을 끼친 풍수지리설의 대가.

4. 선지후행설先知後行說
이치를 먼저 알고 나서 실천할 수 있다며, 앎의 중요성을 강조한 학설.

5. 설중송백雪中松柏
'눈 속의 소나무와 잣나무'라는 뜻으로, 높고 굳은 절개를 비유적으로 이르는 사자성어.

6. 백일장白日場
조선 시대 지방 유생의 학업을 장려하고자 시문으로 시험 보던 일. 글 짓는 솜씨 겨루는 대회.

7. 장보고張保皐(?~846)
군사 1만 명을 모아 청해진을 설치하고 해적을 소탕한 후 바다를 장악한 신라 장군.

영남 만인소

1880년 8월 수신사 김홍집이 일본에서 귀국해 국왕에게 《조선책략》을 올렸다. 《조선책략》은 청나라 외교관이 쓴 책으로, 러시아의 남하정책에 대비하기 위해 조선·일본·청나라 동양 3국이 연합해야 하며 조선은 서학西學을 받아들여야 한다는 내용을 담고 있었다.

이 소식이 전해지고 《조선책략》이 여기저기 퍼지자, 전국의 유생들이 문호개방정책을 반대하는 상소문을 앞다퉈 올렸다. 특히 1881년 2월 26일 이만손을 필두로 하는 영남 유생들이 만인소를 올리며 극력 반대했다. '만인소'는 1만 명 안팎의 유생들이 이름을 적어 올렸던 집단 상소를 말한다. 그만큼 많은 사람이 같은 의견임을 나타내는 것인데, '영남만인소'는 김홍집 탄핵과 정부 비판 내용으로 집권 세력의 심기를 건드렸다.

민씨 정권은 이만손을 체포해 전라도 섬으로 유배 보내고 나머지 사람들에게도 벌을 내렸다. 그러나 영남 만인소로 촉발된 위정척사 운동은 전국적인 유생들의 운동으로 확산되었다. '위정척사衛正斥邪'는 '정학正學(성리학)을 보위保衛(지킴)하고 사학邪學(요사스러운 학문)을 거척拒斥(물리침)한다'라는 뜻이다.

소도

삼한 시대 천신에게 제사 지내는 장소를 이르는 말이다. 긴 장대에 방울과 북을 달아 신성한 장소임을 나타냈다. 마을마다 하나씩 두었으며, 그 안에 있는 모든 것은 나라 법률의 영향을 받지 않았다. 그 점을 악용해 도둑질한 자가 소도로 도망쳐 들어가는 경우가 많았다. 그러면 잡아갈 수가 없기 때문이다.

소도는 거대한 나무를 신성하게 여긴 수목樹木 숭배 사상에서 연유된 풍속이며, 소도 제도는 나중에 없어졌지만 상징물은 솟대로 바뀌어 마을 입구에 세워졌다. '솟대'는 마을 수호신의 상징으로 세운 장대를 일컫는다. 일반적으로 오리 모양의 새를 조각해 장대 위에 장식한다.

060

출발 ➡

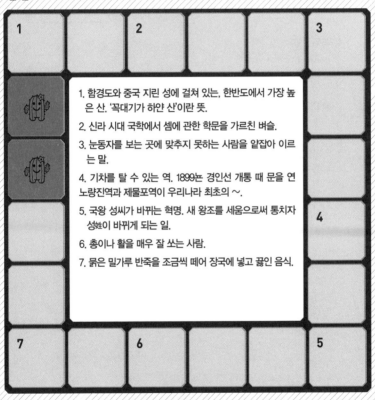

1		2			3

1. 함경도와 중국 지린 성에 걸쳐 있는, 한반도에서 가장 높은 산. '꼭대기가 하얀 산'이란 뜻.

2. 신라 시대 국학에서 셈에 관한 학문을 가르친 벼슬.

3. 눈동자를 보는 곳에 맞추지 못하는 사람을 얕잡아 이르는 말.

4. 기차를 탈 수 있는 역. 1899년 경인선 개통 때 문을 연 노량진역과 제물포역이 우리나라 최초의 ~.

5. 국왕 성씨가 바뀌는 혁명. 새 왕조를 세움으로써 통치자 성姓이 바뀌게 되는 일.

6. 총이나 활을 매우 잘 쏘는 사람.

7. 묽은 밀가루 반죽을 조금씩 떼어 장국에 넣고 끓인 음식.

7		6			5

첫 글자 힌트 1. 백 3. 사 5. 역

263

060 정답

출발 ➡

백 두 산 학 박 사
      　　　　 팔
      　　　　 뜨
비 　　　　　 기
제 　　　　　 차
수 사 명 혁 성 역

1. 백두산白頭山
함경도와 중국 지린 성에 걸쳐 있는, 한반도에서 가장 높은 산. '꼭대기가 하얀 산'이란 뜻.

2. 산학박사算學博士
신라 시대 국학에서 셈에 관한 학문을 가르친 벼슬.

3. 사팔뜨기
눈동자를 보는 곳에 맞추지 못하는 사람을 얕잡아 이르는 말.

4. 기차역
기차를 탈 수 있는 역. 1899년 경인선 개통 당시 문을 연 노량진역과 제물포역이 우리나라 최초의 기차역이다.

5. 역성혁명易姓革命
국왕 성씨가 바뀌는 혁명. 새 왕조를 세움으로써 통치자 성이 바뀌게 되는 일.

6. 명사수名射手
총이나 활을 매우 잘 쏘는 사람.

7. 수제비
묽은 밀가루 반죽을 조금씩 떼어 장국에 넣고 끓인 음식.

백두산

산 정상에 화산 폭발 때 생긴 하얀 부석浮石이 덮여 있는데, 그 모습이 흰머리 같다 해서 '백두산'이라 불렸다. 산 전체는 주로 검은 용암으로 되어 있으며, 어디에나 부석, 곧 속돌(화산암 중에서 가볍고 구멍이 난 돌)이 많다. 이 속돌들은 하얗거나 회색인데, 멀리서 보면 산꼭대기에 눈이 쌓인 것 같다.

백두산을 '장백산長白山'이라고도 하는데, '장백'은 '길이길이 희다'는 뜻이다. 중국어로 장백은 '창바이'라고 한다.

우리나라 문헌에서 백두산에 관한 기록은《삼국유사》에 태백산太白山이란 이름으로 처음 나타나며,《고려사》에도 "압록강 밖의 여진족을 쫓아내어 백두산 바깥쪽에서 살게 했다" 하여 '백두산' 명칭이 문헌상 처음 기록되었다.

고려 시대부터 백두산은 성산으로 숭상되었다.《삼국유사》에서 단군이 탄생한 성지로 묘사된 데다, 태조 왕건의 조부가 방랑 생활을 하던 신성한 장소로 표현된 까닭이다. 왕건은 자신의 배경을 신비스럽게 하고자 백두산의 성스러운 분위기를 강조했고, 이후 백두산은 한민족의 영산으로 여겨졌다. 여

265

기에는 한반도에서 가장 높은 산이라는 특성도 반영됐다.

수제비

6세기경 중국에서 만들어졌다. 530~550년 사이에 펴낸《제민요술》에 '박탁'이라는 이름으로 처음 등장했다. 박탁은 밀가루 반죽을 장국에 적당한 크기로 떼어 넣어 익힌 음식이다.

우리나라에서는 고려 때부터 있었을 것으로 짐작된다. 밀이 중국에서 수입된 시기가 고려 시대이기 때문이다.

기록상으로 나타난 우리나라의 수제비는 조선 시대의 '운두병'이 최초다. 밀가루에 다진 고기와 파, 장, 기름 등으로 반죽한 덩어리를 닭 국물에 익힌 다음 닭고기를 곁들여 먹었다. 그런데 이때의 수제비는 고급 음식이었다. 당시 밀가루는 고급 곡물이었기에 별미로 먹었던 것이다.

조선 중엽에 이르러 '수접이' 또는 '수제비'라는 말로 불렸는데, 손으로 만든 음식이라는 의미였다. '수접이'는 손으로 접어 떼었다는 뜻이고, '수제비'는 제비뽑기의 제비처럼 손으로 뽑았다는 뜻이다.

이렇게 양반 음식이었던 수제비가 서민 음식이 된 것은 한국전쟁 이후의 일이다. 전쟁 와중에 밀가루가 구호물자로 대량 유입되면서 서민들의 주식으로 변한 것이다

한 국 사
용   어
찾 아 보 기

이 책의 회전퍼즐퀴즈 60개에는
모두 414개의 한국사 용어가 수
록되어 있습니다. 회전퍼즐을 풀
면서 지나갔던 한국사 상식을 다
시 짚어보고 싶을 때 펴보세요.

각 한국사 용어 옆에는 조그만
칸을 마련했습니다. 새로 익혔
거나 이미 알고 있던 한국사 상
식들을 체크해보시면 한국사
습득 현황이 한눈에 들어올 것
입니다.

찾아보기

272

회전퍼즐퀴즈로 풀어가는
상식이 생생한 한국사

1판 1쇄 인쇄 2015년 1월 2일
1판 1쇄 발행 2015년 1월 8일

지은이 박영수
펴낸이 고영수
펴낸곳 추수밭

경영기획 고병욱 **기획·편집** 허태영 **외서기획** 우정민
마케팅 이창형, 김재욱 **디자인** 공희, 진미나 **제작** 김기창
총무 문준기, 노재경, 송민진 **관리** 주동은, 조재언, 신현민

등록 제406-2006-00061호(2005. 11. 11)
주소 135-816 서울시 강남구 도산대로38길 11(논현동 63) 청림출판 추수밭
      413-120 경기도 파주시 회동길 173(문발동 518-6) 청림아트스페이스
전화 02)546-4341
팩스 02)546-8053

www.chungrim.com
cr2@chungrim.com

ISBN 979-11-5540-029-6(03910)
값 9,800원